王國維書札墨蹟

虞坤林 编

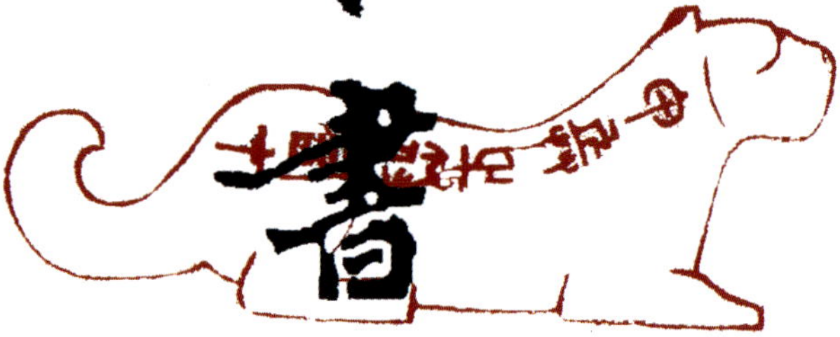

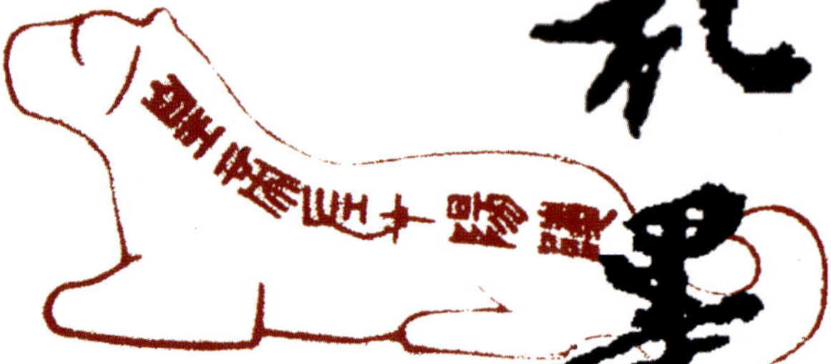

山西出版集
山西古籍出

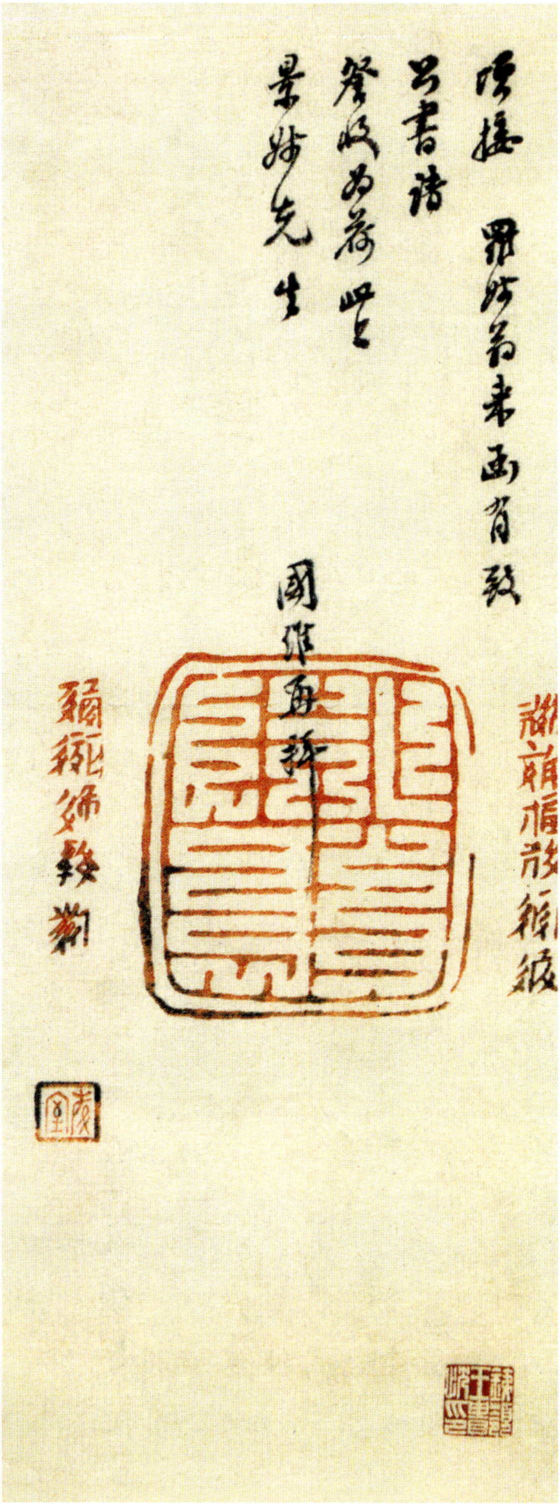
國維再拜

杭州忠清巷五十五号
邹景叔先生台启
上海大通路王缄

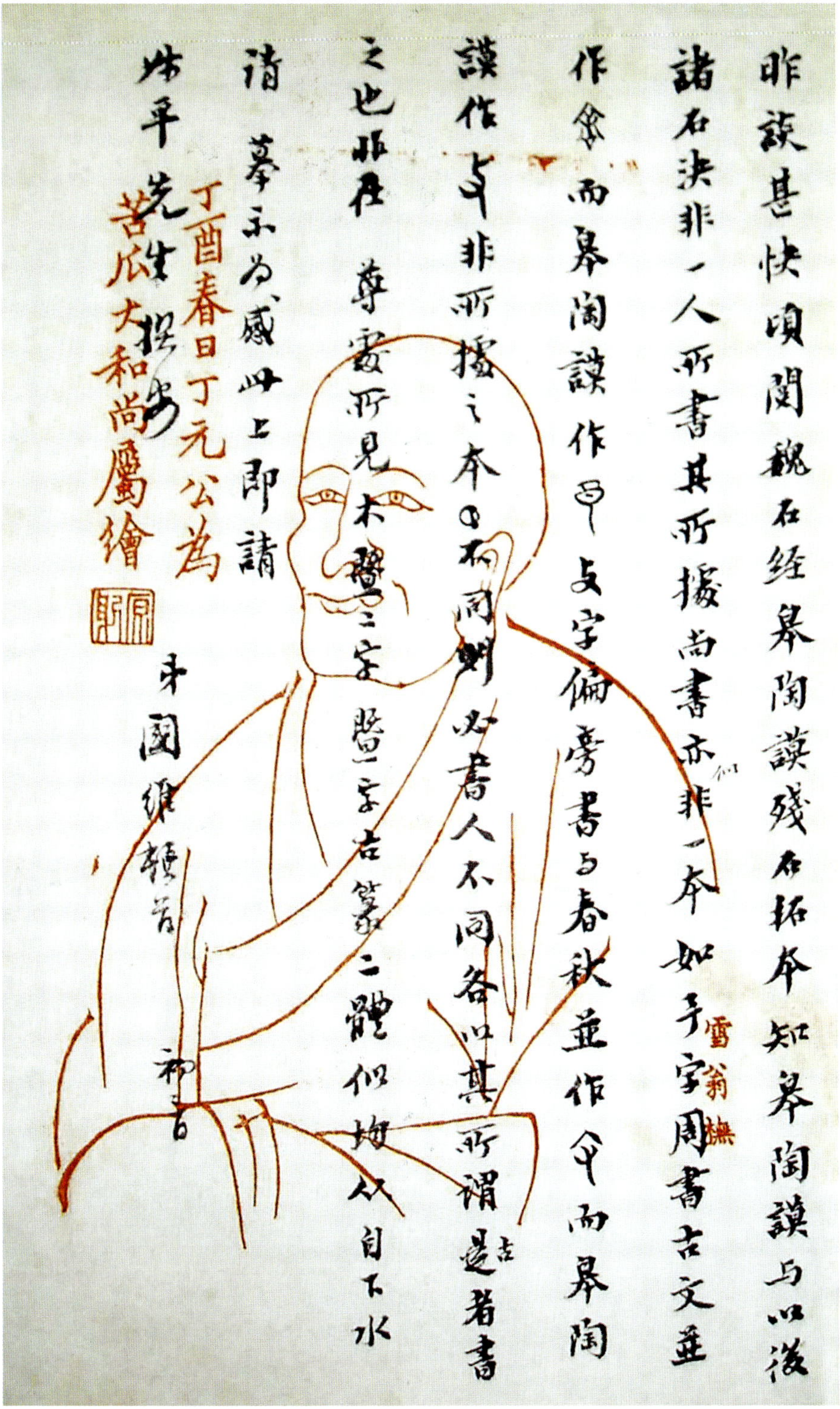
非誤甚快頃閱魏石經皋陶謨殘石拓本知皋陶謨与以後
諸石決非一人所書其所據尚書亦非一本如手字周書古文並
作兮而皋陶謨作昱与文字偏旁書与春秋並作兮而皋陶
謨作与非所據之本不同則必書人不同各以其所謂古者書
之也非在尊處所見本黜二字黜字古篆二體似从自下水
請摹示為感此上即請
味平先生撰安
方綱頓首
初六日
丁酉春日丁元公為
苦瓜大和尚屬繪
雪翁撫

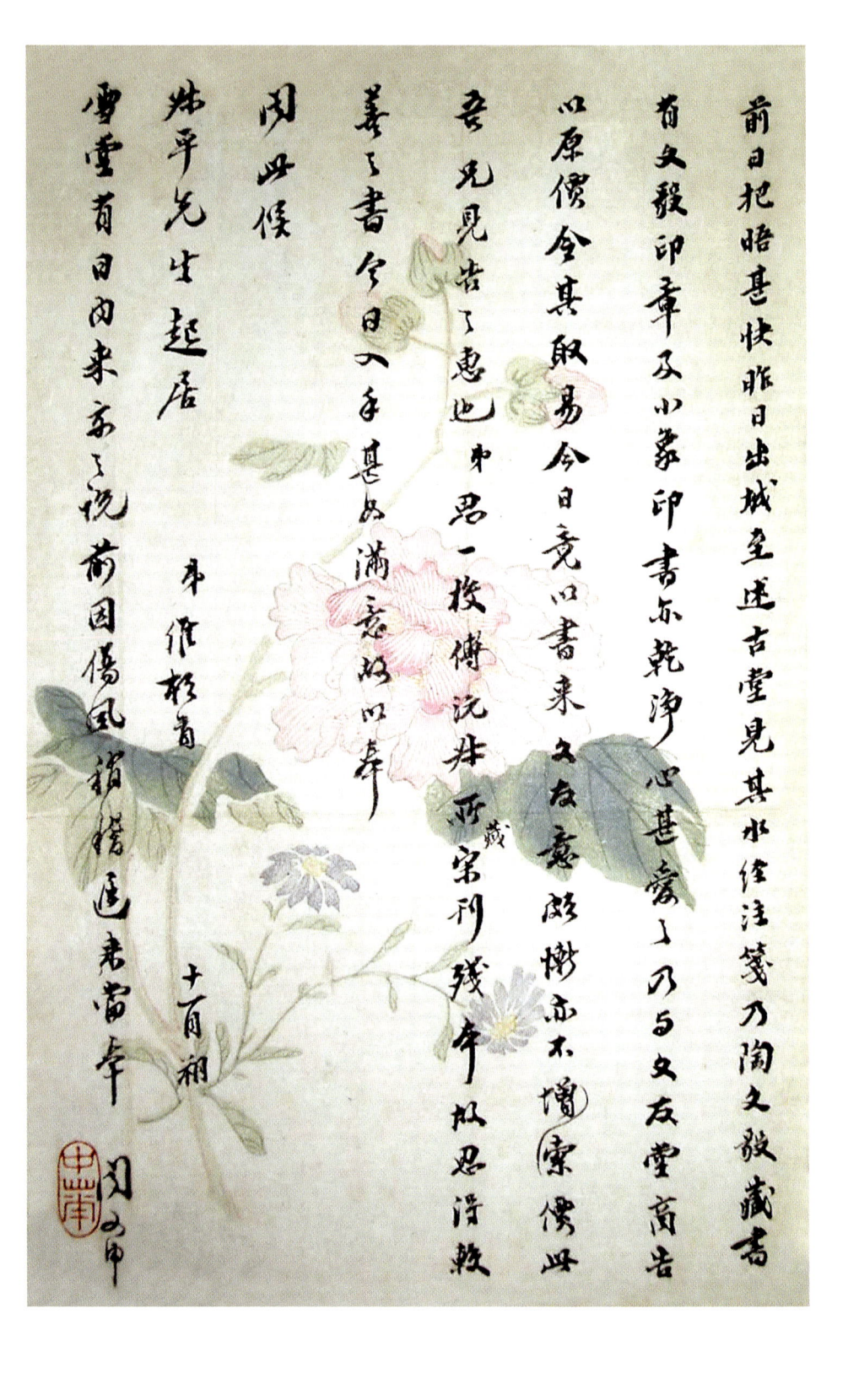

前日把晤甚快昨日出城至述古堂見其水經注箋乃陶文毅藏書

有文毅印章及小篆印書亦乾淨心甚愛之乃与文友堂商告

以原價全其取易今日竟以書來文友意頗懈亦不增索價此

吾兄見告之惠也中君一校傳沅叔所藏宋刊殘本故思借教

善之書今日入手甚為滿意故以奉

聞此候

炜平先生起居　　弟傕頓首　十月朔

雪堂有日內來京之說前因傷風稍稽遲君當奉

聞　又申

頃接
賜書敬悉
尊恙已痊，至為欣慰。影元史目及本紀、西域諸王傳共十冊奉上，
請
檢入。前日　雪堂所示某君一信，奉呈台覽。敬請
東軒先生大人頤安
國維再拜
廿九

乙盦鄉先生大人尊鑒里閈相望不及百里嚮往之切又逾十年
而蹤跡睽違未得一奉
几杖其為企仰何可勝言每從　蘊公處得讀
書疏并及詩翰每讀道窮詩亦絕畫願在世無絕之句始知
聖賢仙佛去人不遠　國維於地理之學素未研究頃者西域
木簡既出覽西人所攷意頗未饜乃就其所知與臨時所撿閱
者為之釐訂自知雖有小得疏漏殊多乃荷
奬許過情并所殷々相望若出於所能負荷之外慚悚交并
大抵吾國史籍可得外國史書參證者唯元代以後確有大補益之
處隋唐以前裨補殊少雖西方諸國雖文化如印度尚無史地之
書故西人攷中亞地理者不得不以法顯玄奘之書為本如匈奴與

衡甫中丞身後遺貲困不過萬金其人久處脂膏我輩生平所揣決非如此
可知蓋棺論定之說不誣此次惟稱實以虛聲為之累（此君才具之聲甚大至皆
人舉以為袁世凱者）益憬世未力足以敗人事也然出而此事）罷禍則殊不值
京師大學叢板插本仍舊歸君十之九稿定亦無多他日當贈出吟園所印想
已見過矣戊年重成錢多言傳寫殷虛書契後編擇文一卷耳　君美趣濃想
在　公歸京都以後拓存廿七紙前已奉請
承擇之所存　子密
遍寄矣
唐氏兄弟一面面談　又所云者殊指此時不有一玉勝葉君南來其人本官湖北旅居于彼數年
昨存島中　前所云秦常鎮壺于西呈此君又此君并云郵歷得此又存滬唐康成家
康成近狀乎　乞老叔過之　乞令自拓此中所有康成之又申
叔言早

神鐵錢三千五百九十七號

景泰二年西安府造

重二兩五錢

前 言

王国维先生书札，是王国维学术研究中的一个重要部分。早在 1929 年，乡贤陈乃乾先生即影印《观堂遗墨》，首次将王国维书札作为该书下册出版。嗣后因多种原因，王国维研究走入低谷。从上世纪 80 年代起，王学研究重新走向繁荣。1984 年，由吴泽主编，刘寅生、袁英光编辑的《王国维全集·书信》出版，无疑为王学研究增添了极其有价值的史料。以后又有《文献》发表的《王国维未刊书札》、《中国历史文献研究集刊》发表的《观堂书札》、《学术集林》卷十一发表的《王国维家书》，以及由王庆祥、萧立文两先生校注的《罗振玉王国维往来书信》等，收集了王国维信札的绝大部分。由于信札为第一手资料，其中体现出来的文献价值，是别的文献所无法代替的。尤其王先生的信札内容丰富，“论学、论时事、论人以及生活琐屑几於无话不谈”（见罗继祖《跋观堂书札》），更体现其书札为研究近代文化思想史所不可缺少的文献，是王国维先生留给后人的一笔宝贵的文化财富。

但是，作为书札手迹影印本，除《观堂遗墨》一书外，至今尚未有新的版本出现。陈乃乾影印本出于各种原因，仅收入王国维先生 80 馀通，又陈乃乾个人斥资，印数不大，故而该版本各地馆藏已然甚少。因此，本人早在三年前即着手收集王国维先生书札手迹。当时考虑相当简单，认为祖国南北两大图书馆所藏王札尚不至难于寻觅，只要向他们说明原委，作为有义务向广大读者提供精神食粮的图书馆，提供馆藏应是不成问题的。谁知事背人愿，他们多半以各种理由予以回绝。看着已收入箧中的书札，我只能感慨人心不古。相比之下，北京故宫博物院、嘉兴博物院及南通钦鸿先生，嘉兴苏伟纲先生，海宁葛金根、吴德健先生均伸出援助之手，提供种种方便。更为感人的是，2005 年前往故宫拍摄王札时，因相机故障，带回的相片部分报废，2007 年重新前往拍摄，又得到李文儒先生及保管部梁先生的热情帮助。在此谨向帮助过我的诸位先生及单位表示衷心的感谢。

2007年是王国维先生诞生130周年,逝世80周年。改革开放,经济繁荣,这对文化事业的发展,无疑起到了极大的推动作用。从王国维先生逝世至今的80年中,对他的研究从热到冷,又从冷到热。领略其中的起伏,正与社会的政治环境、经济发展有着极其重要的关联。今辑是编,无疑想从一个新的角度审视学者王国维的治学风采,同时也希望成为纪念先生的一份薄礼。

海宁虞坤林识于三省斋

目　录

王國維書札墨跡

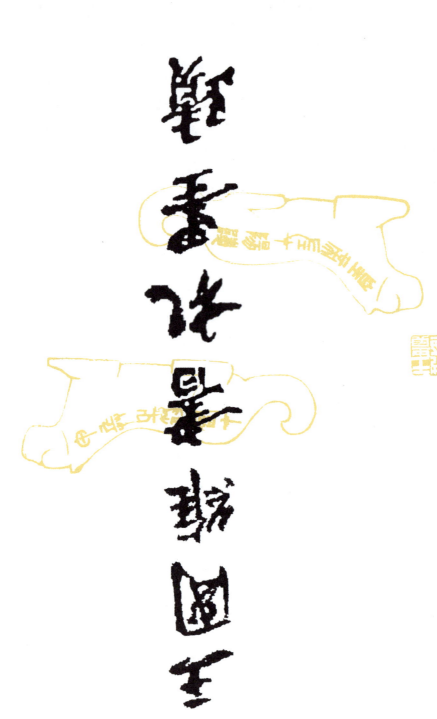

致蒋孟蘋

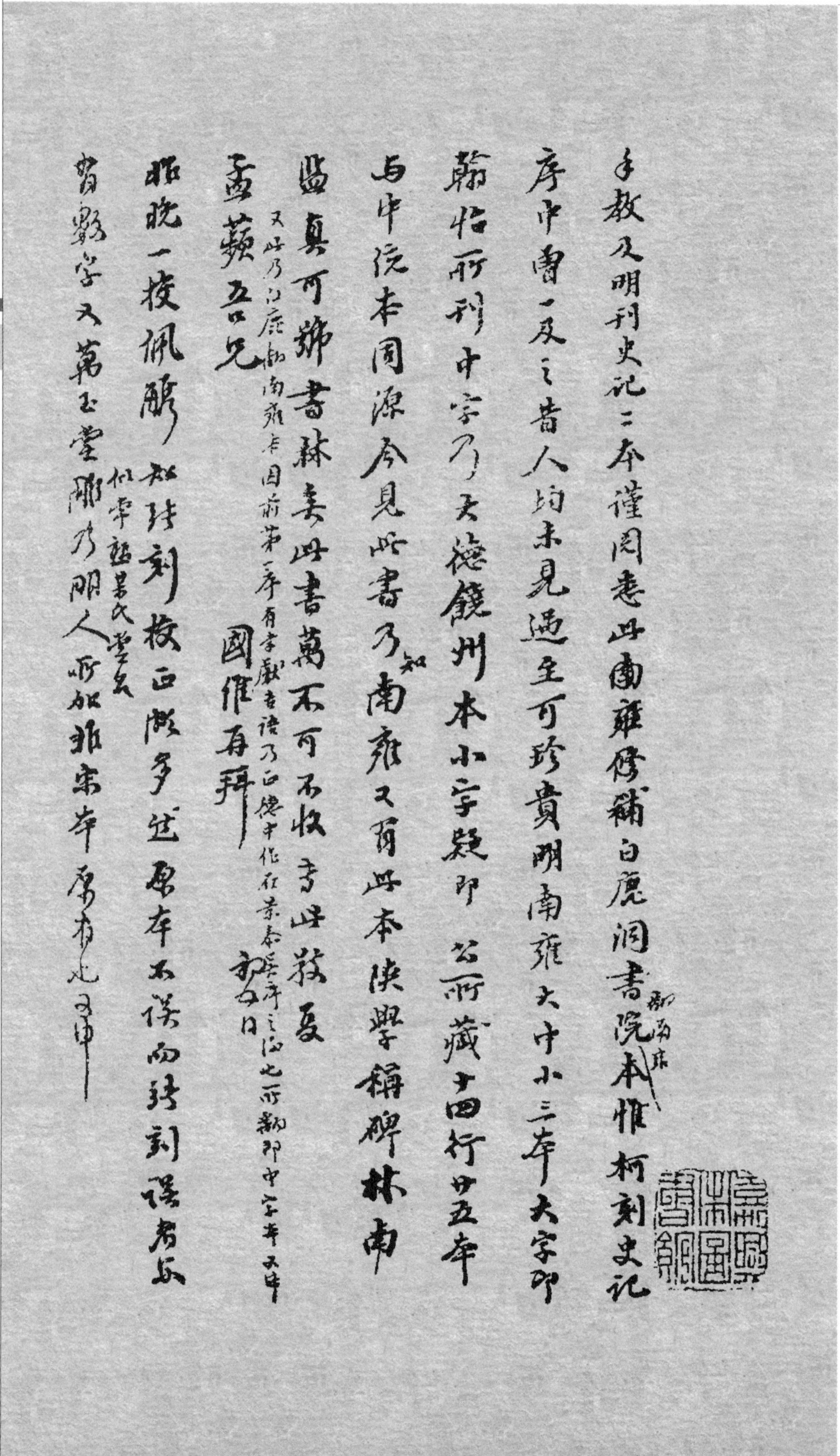
手教及明刊史記二本謹悉此南雍修補白鹿洞書院本翻刻宋惟柯刻史記序中曾一及之昔人均未見過至可珍貴明南雍大中小三本大字即翰怡所刊中字乃天德饒州本小字疑即公所藏十四行廿五字與中院本同源今見此書乃知南雍又有此本陝學補碑林南監真可稱書林美談此書萬不可不收專此敬復

又此乃白鹿翻南雍本因前第一本有李歐書跋乃正德中作在嘉泰吳本之后也所翻即中字本又非

孟蘋五兄

國維再拜 初五日

祁晚一校佩服如柯刻校正殊多並原本不誤而柯刻誤者矣 似宋槧書氏堂矣

曾數字又萬玉堂刊乃明人所加非宋本原有也又申

手書敬悉草窗韻語明胡元瑞所見者但云集名妙寫其中詠
琵琶一首甚佳今觀語中有此詩則元瑞所見即是本矣專復
即請
孟蘋吾兄先生著安
弟 維頓首 廿八日

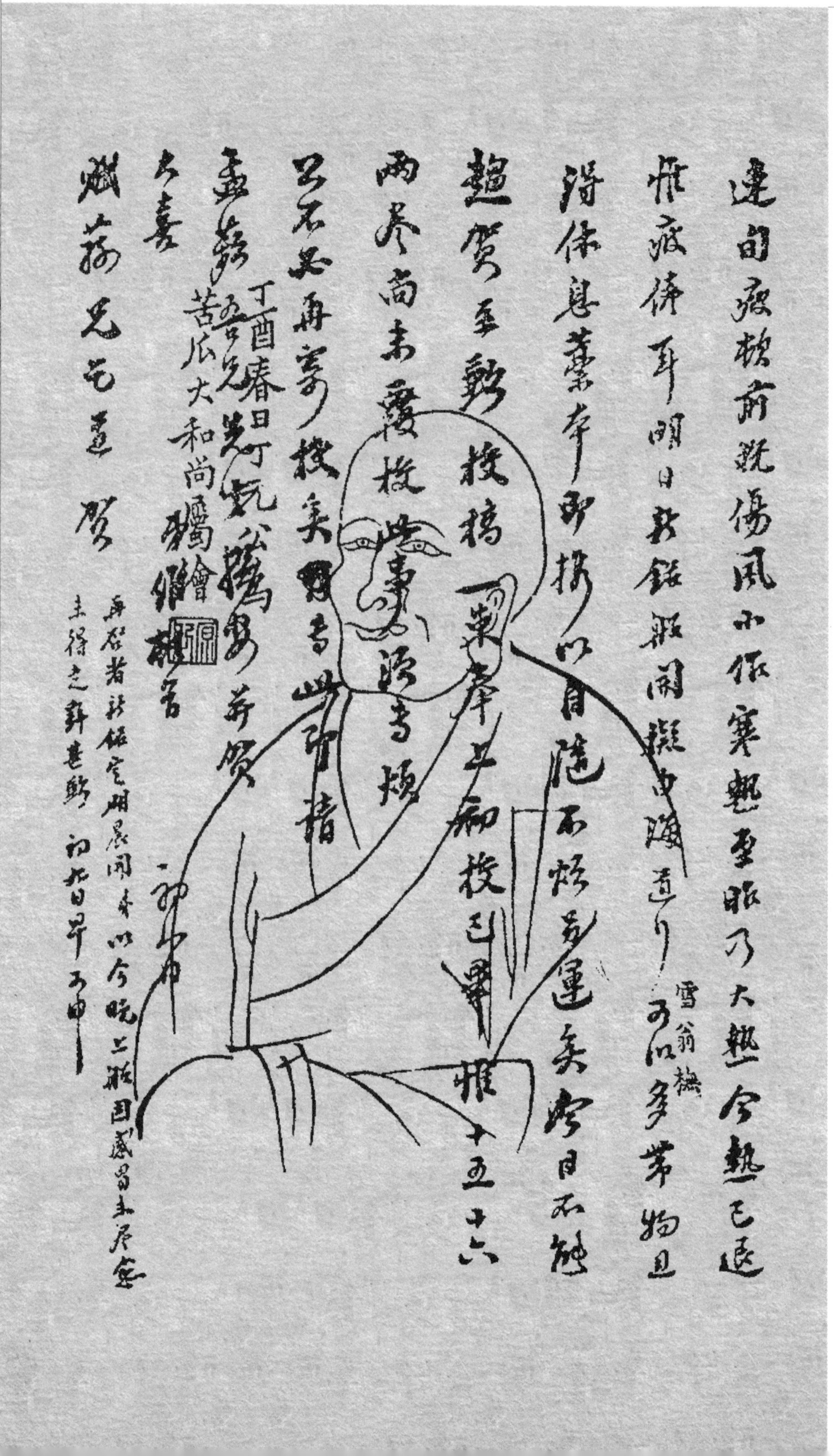
違函夜枕前就傷風不作寒熱至晚乃大熱今熱已退
飛夜併耳明日較錯叚閑擬出游遺可以多帶物且（雪翁撫）
滑休息叢本即按以自隨不煩多運矣磨目不能
趨賀至歉按摇一粟庵上都按已畢惟十五十六
兩天尚未覆按此事須爲煩
不在思再寄按矣此事當留請
孟蘋
大喜
孟蘋兄先生道賀
丁酉春日寫苦瓜公像
苦瓜大和尚像
再啓者新鋟寶刷晨閑以今晚上海國盛昌主居宴
未得之邗甚歉初廿日昇不申

乙蘋吾兄先生台鑒：臨行前辱

枉駕，并荷

盛餞，感謝無既。弟感冒，二日上船即愈，於十三日到津，十六日入都，二十

日覲見，即到差。現在不每日入直，僅四人到齋，再定每入直者四

期。現印住金居是房，屋現已在覓屋，俟覓得後即擬遷入方予。

從前作事書籍當已運到，俟房屋定後，再以書取去，請 告

諸本為荷。孟劬數日後即將南下，弟初到時，於海諸謝函均未

及作，想諸友必諒之。 致意為感。北方所出金石拓片，大內有初唐人

所寫經卷，書室已與相熟，即約又往唐較其為書也。有同好者，又可傳

宋有書出售，所值先估價不能抵觀，則抵之所值書不過千元左

右耳。有那往之物，些(?)少價佳，餘請轉請

起居不一。　弟維頓首　日言

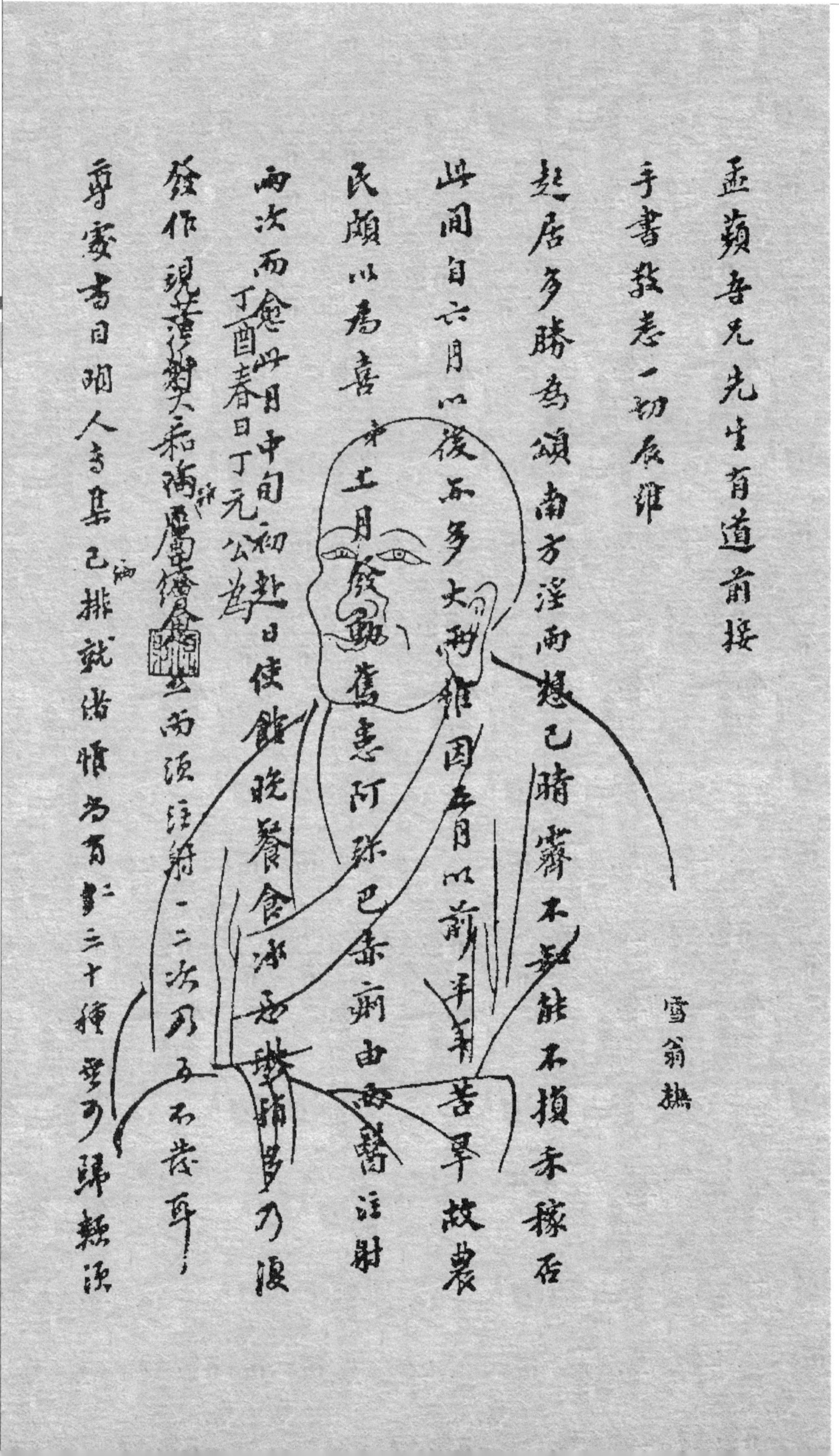

孟蘋吾兄先生有道：前接
手书，敬悉一切。辰维
起居多胜为颂。南方淫雨，想已晴霁，不知能不损禾稼否？
此间自六月以后雨多，大[illegible]，维因五月以前半年苦旱，故农
民颇以为喜。弟七月发旧患阿米巴赤痢，由西医注射
两次而愈。此月中旬初起日，使能晓餐食，渐无[illegible]，乃复
发作，现[illegible]，须注射一二次乃可不发耳。
尊处书目，明人各集已排就，借惜为有二三十种，要可归类，须

雪翁揖

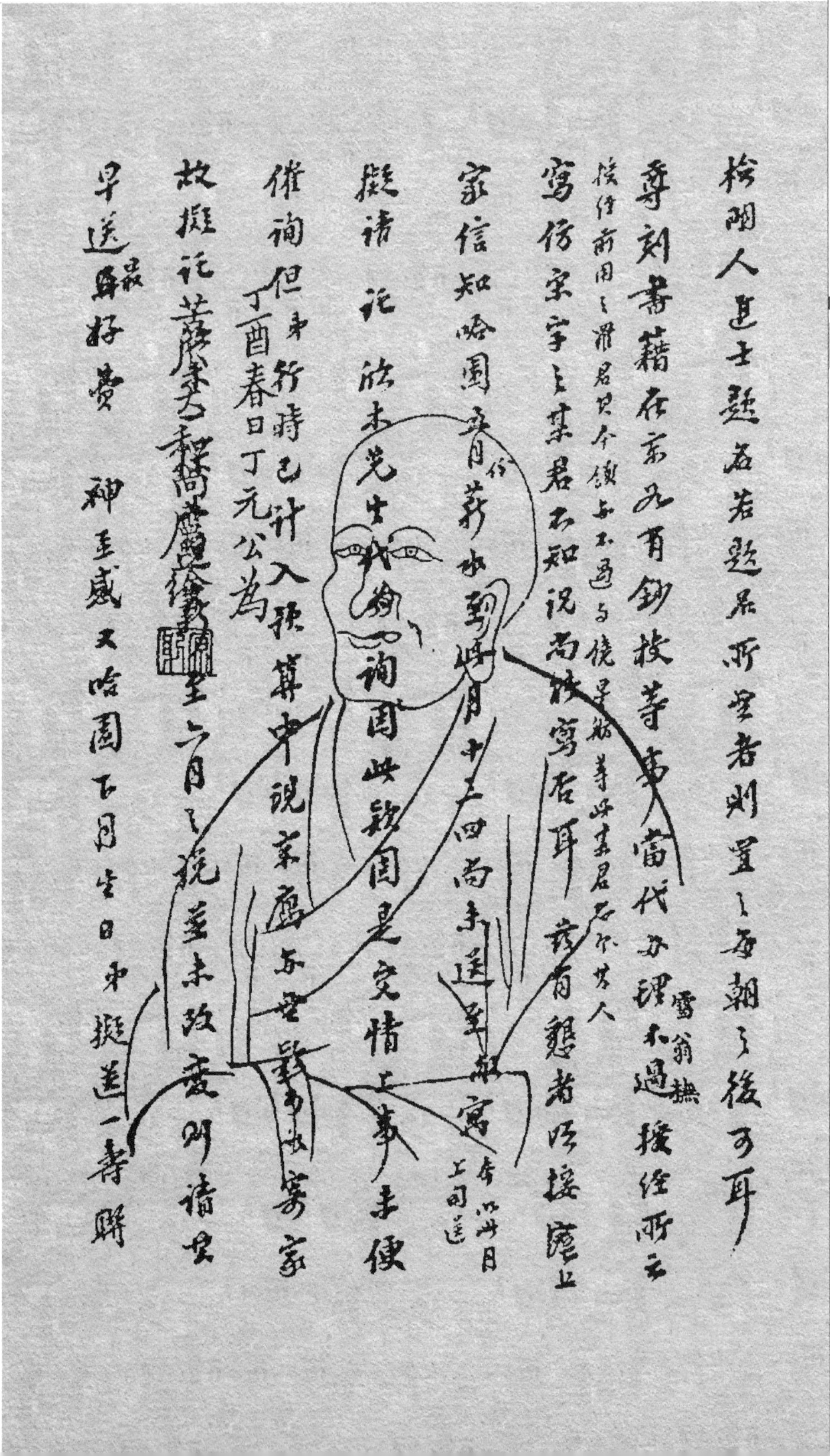
檢閱人進士題名，若題名所在者則置之，在朝之後可耳
尋刻書籍在京及省鈔校等事，當代辦理，不過接經所云
雪翁撫
寫仿宋字之某君不知現尚能寫否耳。弟有懇者，昨接慶上
家信，知哈園前月葬於初月十四，尚未送至。寫
擬請託 於木先生代為詢問此款，因是交情上事，未便
催詢，但弟行時已計入預算中，說家屬不甚收據家
丁酉春日丁元公為
故擬託 藤田和尚之便之說，並未致處則請其
早送為最好，費神至感。又哈園下月生日，弟擬送一壽聯

孟蘋吾兄先生有道：頃接廿三日兩次
手書，敬悉一切。承
代籌畫一切，感何可言。哈園薪水既送兩月，則三箇月之
說當無問題。敝眷仍擬於七月杪入都，因此間家用銷將非
久局，而現在局勢亦不能過圖穩便故也。此次如有戰爭，必在東北
或南方，京師不至當其衝；至於欠餉過多，或有變故，亦尚不至波
及措大。
兄函所謂居京師之人不甚介意者，實有此心理也。
忘樸集新

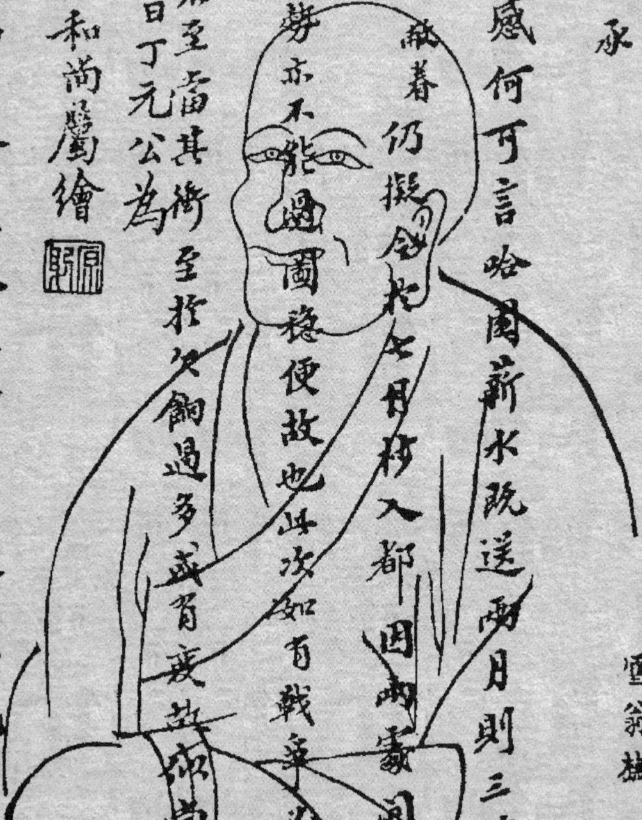

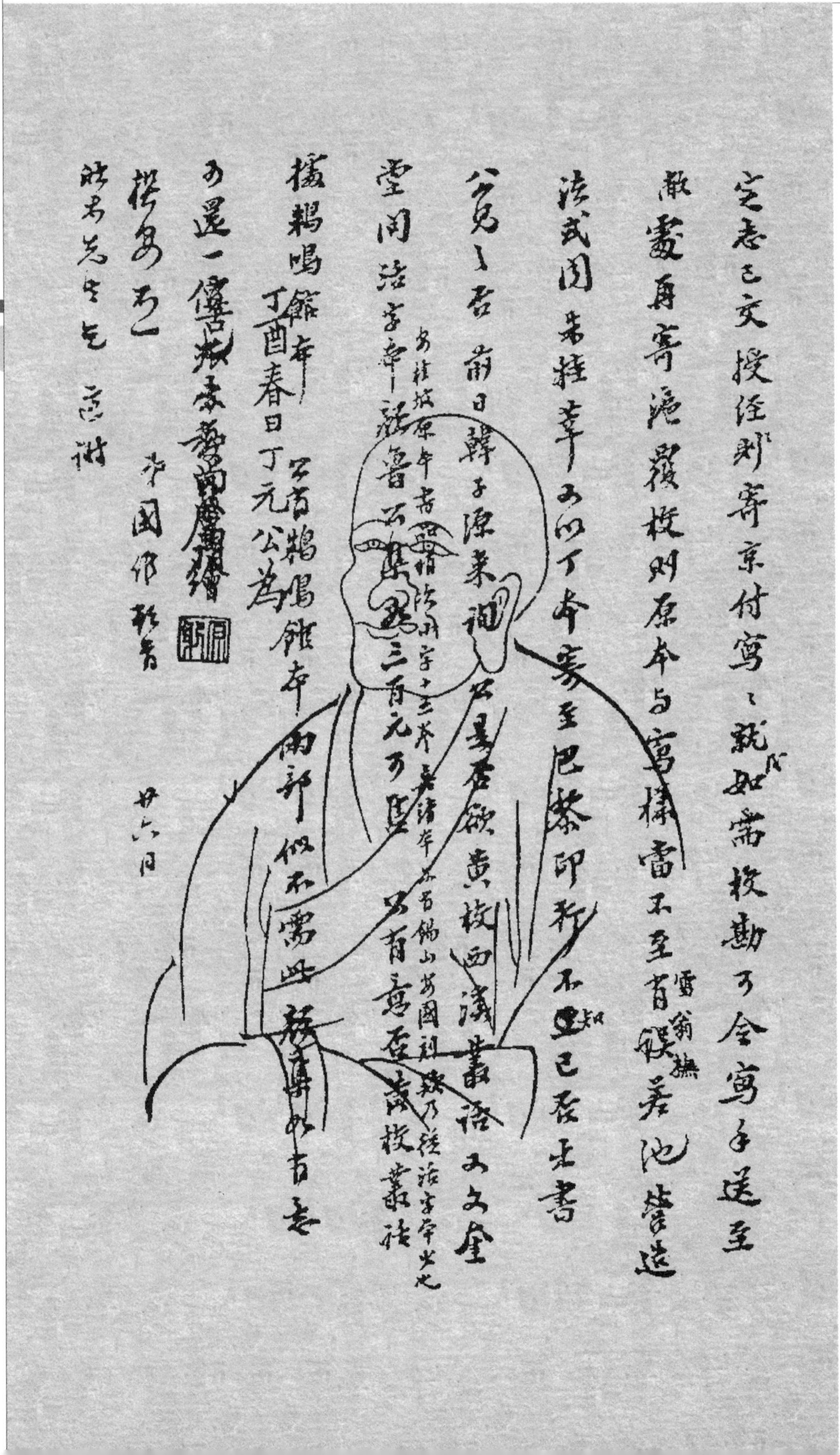
丁酉春日丁元公为
廿六日

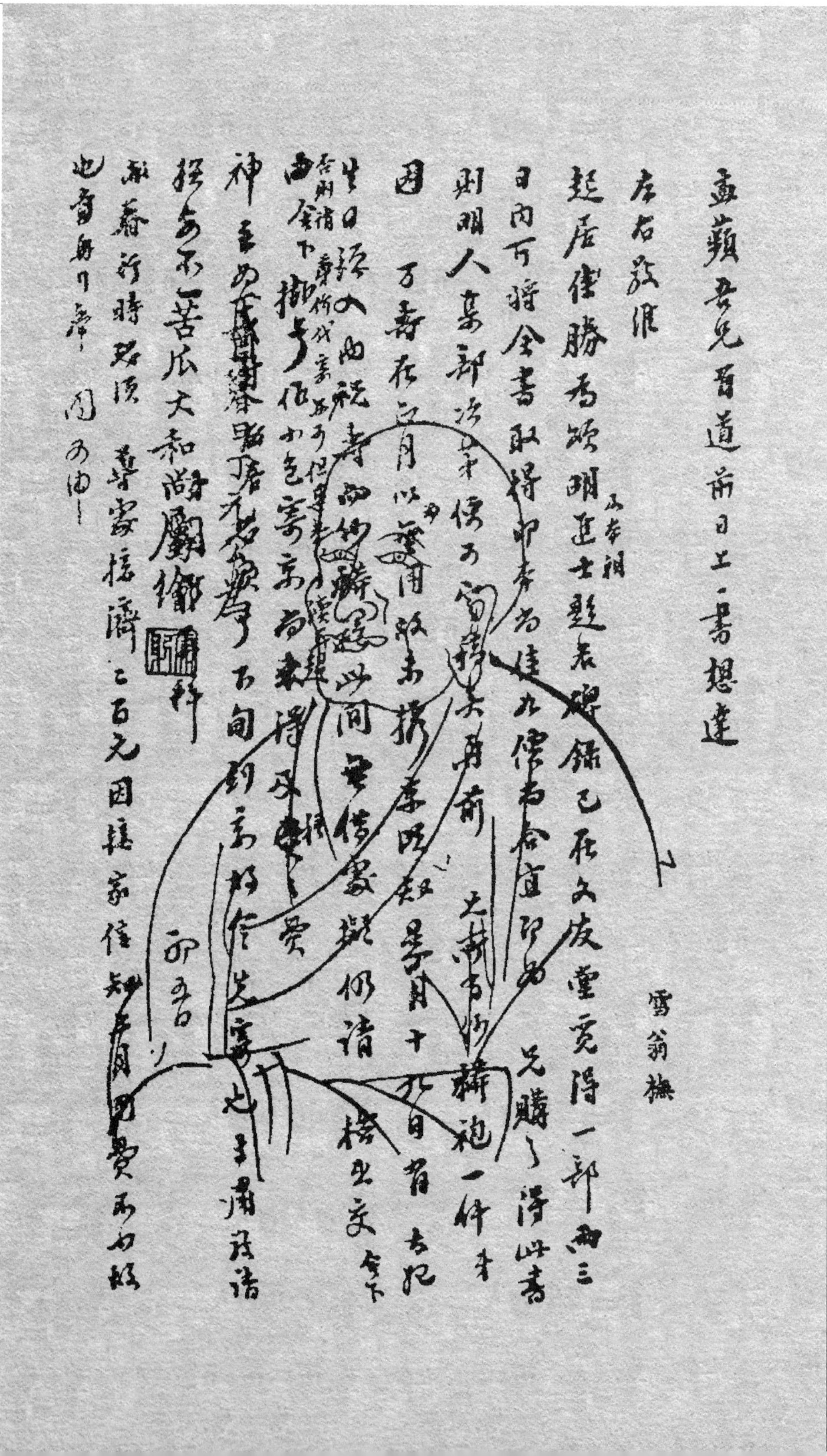

孟蘋吾兄有道：頃奉

手書，敬悉一切。沙燒瓶已妥，約寄則五六日內必可到京，感荷感荷。

湘春大約二十左右北上，行李等，舍間有人照料，復照無他，可不需因天津

有人迎接，不至有費事也。北上之費，照意之中。此月盤得通志價（二十五日）二百四十元，

此款已由孟勛送至舍下，殊可不需。

公處議付如雨山有石呈當令舍間通知。尊處如明進士及國朝進士（全乾隆以上）題

名碑，樣子翻得，價得六元。此書坊間既時有之，而壞板甚多，印所得者亦闕有

一二壞板，然已為精佳矣。新刻文集並不完美，印亦不甚佳，大約可過直二百元。此

書公北上時想必有在京主售之說，然在五月中。曾往訪一次未遇，而匯亦未

來（殊不知其住處），故至今尚未見面。近十日內成散石經像拓一本，拓法似屬當時

整。公之書目從已得明進士錄而阮定稿一並作序跋，大約

公北來時必可告竣。其目可據歸矣。北來時（風簷草堂）上覺謂之應酬稿，才最不

附書並已書局四二三十部[illegible]之事也。乞南河清

撰安不一

才係頓首　十二日

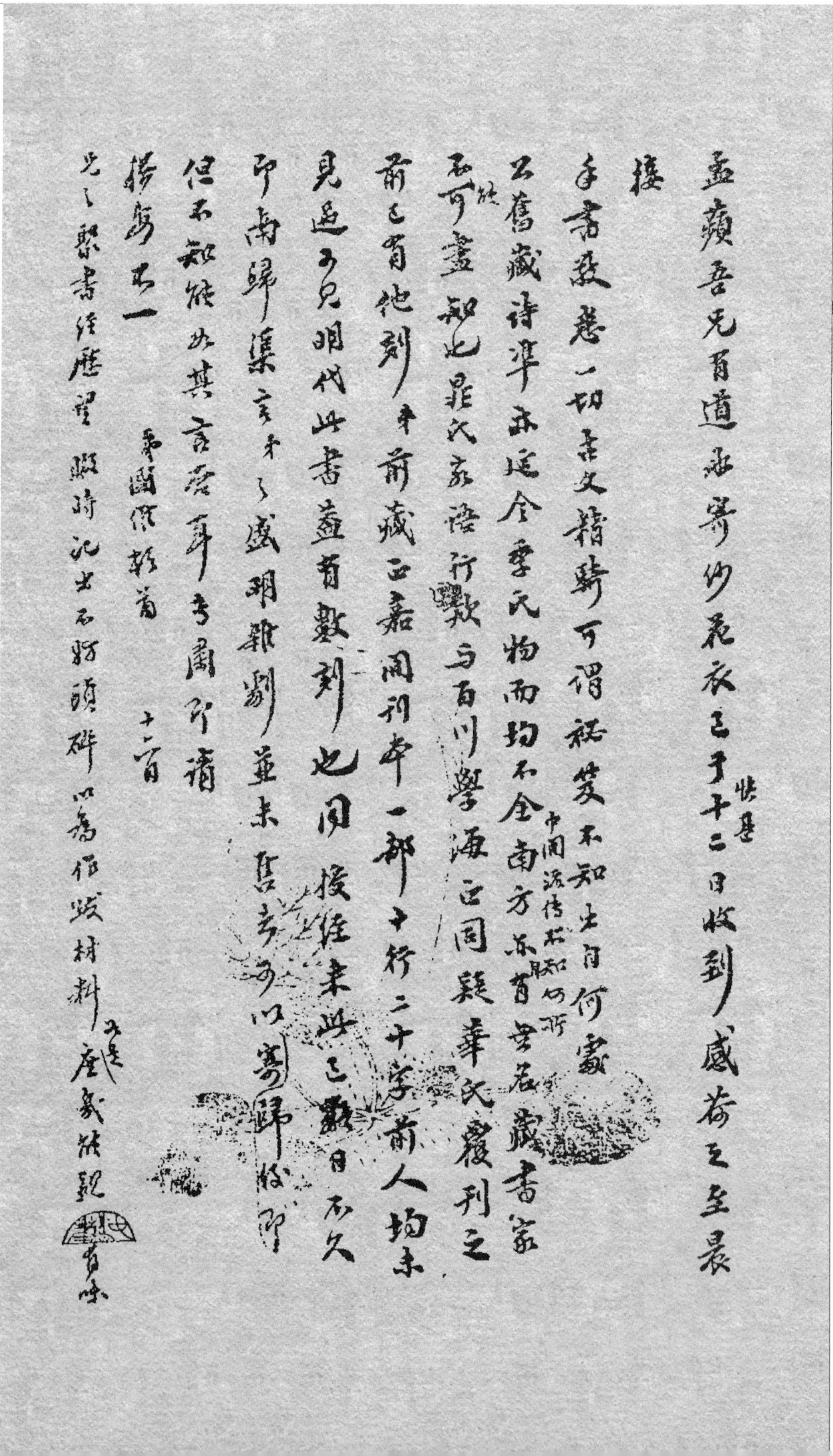

孟蘋吾兄有道：函寄沙花衣已于十二日收到，快悉，感荷之至。晨接
手書，敬悉一切。喬文精騎可謂祕笈，不知出自何家。
公舊藏詩準亦延令季氏物，而均不全。南方亦有書藏書家，中間源流不知能知所
不可盡知也。於罪氏家語行款與百川學海正同，疑華氏覆刊之
前已有他刻本。前藏正嘉間刊本一部，十行二十字，前人均未
見過，只見明代此書，蓋有數刻也。閏接經來此已數日，不久
即南歸。渠言未了，盛明雜劇並未售去，以寄歸於即
但不知能如其言否。專肅，即請
撰安。不一。　弟國維頓首　十二日
光之緊書往歷覽，擬將汲出石將頭碑以為作跋材料，並望座家雜報費神

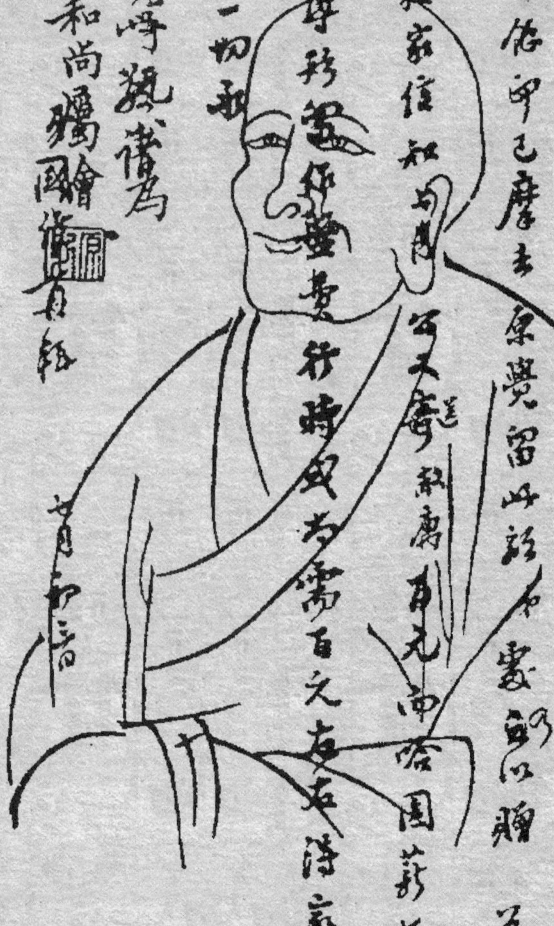

孟蘋吾兄先生有道 頃羅原覺來持 高宗御書汝南高
四字橫額乃 尊藏袁安高臥圖引首上有臣吳榮光藏
臣潘延齡二印即已摩去原覺留此云
侯有便弟子攜家信知
已處 弟處 尊藏
以當再遠一切
注威勝舊
擬安石 苦瓜大和尚

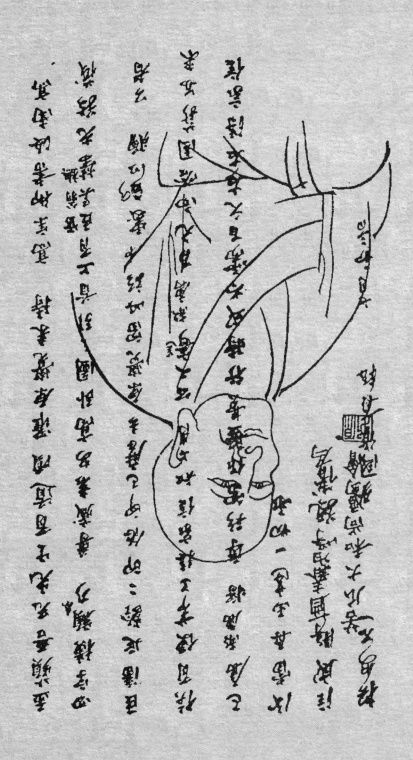

孟蘋吾兄先生有道：前奉書想達

左右。比想

起居多勝，當如遠頌。滬券已於初七日到京，在滬臨行結束，

用款甚多，初謂通志之款可以敷用，及行時仍覺不給，因由化安

通融現洋四百元，請　尊處付查，有伍拾元交拋球場建摩

坊華豐麵粉公司陳枚叔收為感年　尊處六百元之薪已盡取

用矣。北方金石之品日出不窮，而書籍不聞有異品，惟々有明印諸

撰安，不具。

弟維頓首　初九日晨

上海錦雲堂製

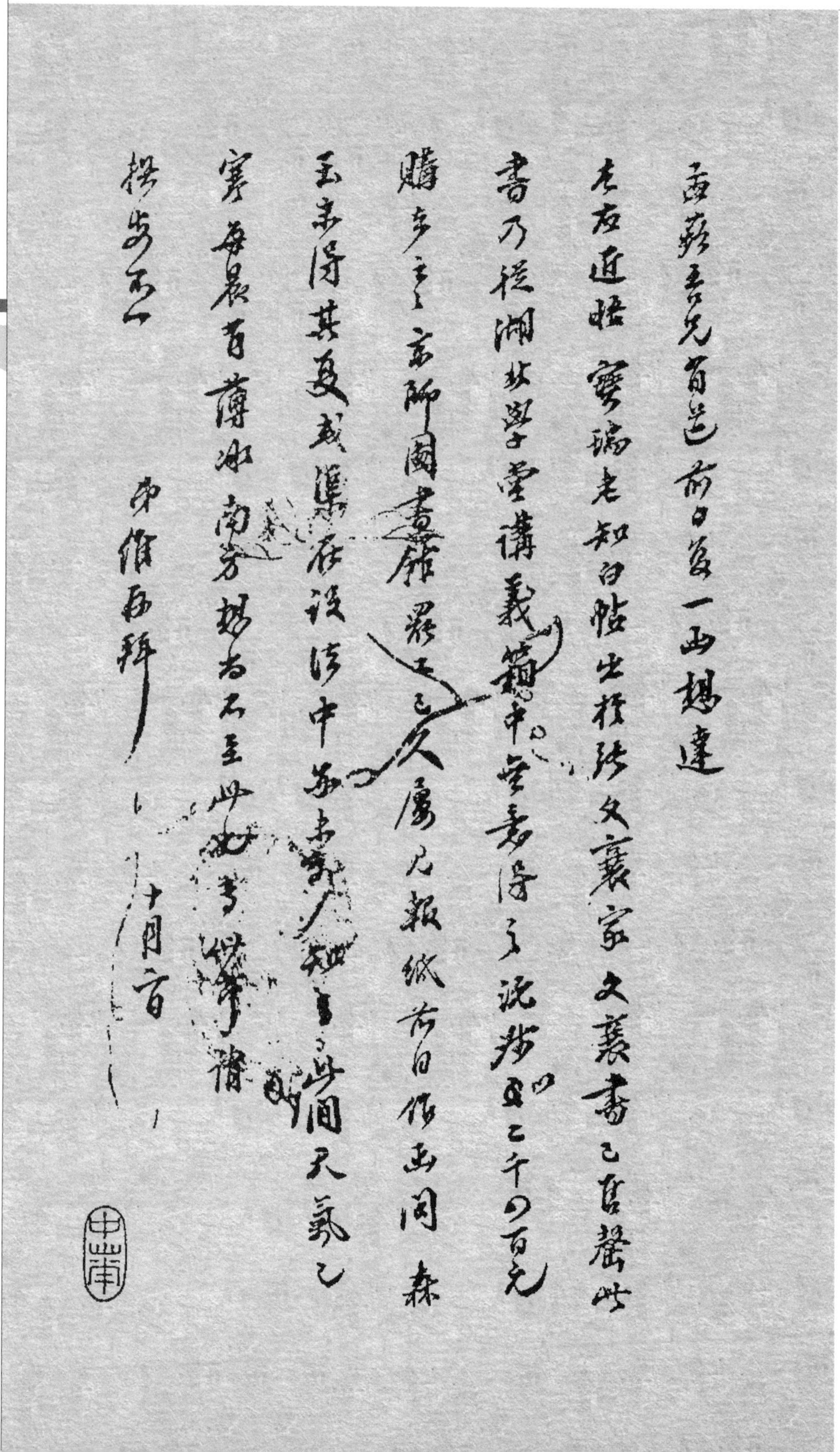

孟蘋吾兄有道：前日奉一函，想達
左右。近悟寶瑞老，知白帖出於張文襄家，文襄書已售罄，此
書乃從湖北學堂講義篇中尋得之，說價二千四百元。
購之者言師範圖書館罷去已久。廣大報紙言自俄國問森
玉未得其真，或集存段諸中，未知也。世間天氣已
寒，每晨有薄冰，南方想尚不至此也。專此，即頌
撰安。 弟維頓拜 十月首

前函未發而森玉來同至京師圖書館現雖羅之不售票而
人尚未叙北桐之藏出一閱乃陸存老送南學之本尚屬
乾嘉舊鈔存老以朱筆校所據似係宋本圖書館亦有
此鈔本別無宋本也如欲校則請將原書寄京現既
經森玉介紹則隨時可往校也專肅再請
撰安不一
弟維又頓首 初五

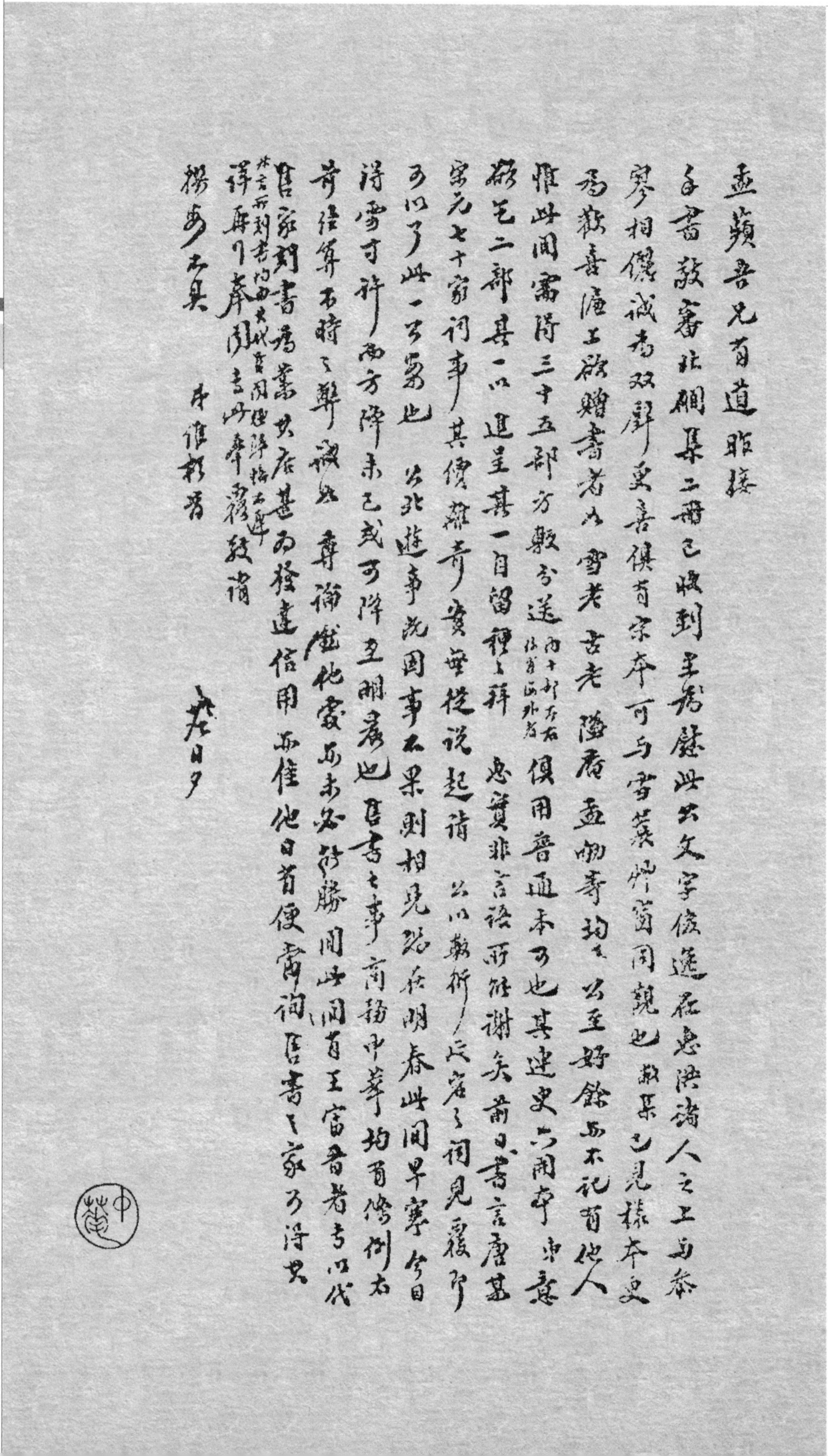

孟蘋吾兄有道：昨覆一書，想達。

左右昨晤雪堂，知伊處寄書有時由富晉自取，有時寄去，則歸寄者

自理。又晤森玉、琢平，森玉言伊有書鋪可以代理，新知于比富晉較小，然

平安言大學舊書可代理，惟森玉所舉之鋪孟安居面在胡同中，

大學舊書舊於學生自數他處，惟使歸數之事，不及商人之易於發賣，

一切請兄自酌之。天津則雪堂之戚有雲書鋪（天津法界秋山街嘉樂里中）可以代售，請先寄十部，此

書未寄，又得廿六日手書。富晉主人即若王富晉，其居在楊梅竹斜街，

其人頗力精幹，可以寄售書為業，年來甚為發達，擬於初十日內當

以當吉時價折之若八折可做到則可寄弟與彼議但出之款可指定

一銀行全可每月交付也北碉集圖書館所藏陸本與有文安詩

四庫本只十卷不識世間尚有是本否此人詩亦佳恐不在李寧下

也江浙間事追從者亦如此之多無因罕見兵革之故若湖南廣

東則習為故事矣吾 兄近狀至為掛念聞任大多勞心太甚

祈 善自遣釋為荷專肅即請

撰安 弟作霖頓首 十五日

孟蘋吾兄有道：前寄一書想達。左右王富晉近赴津，今日始來，云渠處寄售書籍大都四七折，文帳如此，則渠可以八九折出售。又前書帳逢節一結，因買書者亦多賒帳，若售出甚多，亦可先付款云云。又乞授經之書，亦由渠寄售滬上，如西泠陳立炎之書，亦其經理。近在上海借不知。可等百朕書事，放東取去。公處云下貴傍件以得之。前訪汲江浙形勢近稍緩和，想一二月中不至有事也。從沅叔借得宋刊水經注又一孫潛夫校本，卻皆不全，實是罕秘。宋本已校十卷，許以知。昨見永樂大典本，實從宋本出也。沅叔方與印亟同涵其書目，將來成書必可觀也。專此，敬請

撰安不一

弟維頓首 初九日燈下

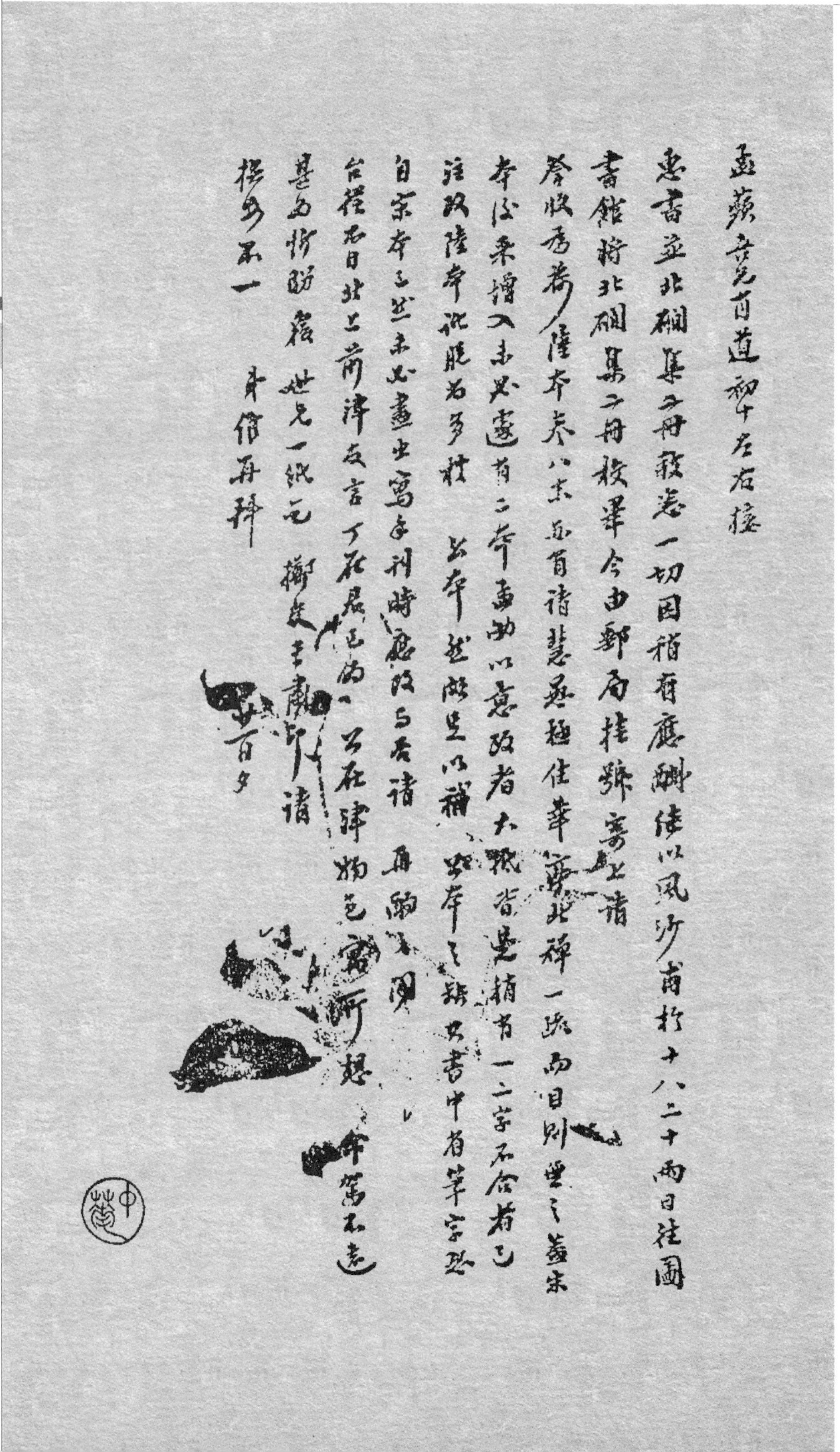

孟蘋吾兄有道契左右接
惠書並北碉集二冊敬悉一切因稍有應酬復以風沙甫於十八二十兩日往圖
書館將北碉集二冊校畢今由郵局掛號寄上請
察收爲荷 陸本卷八末頁首行慧遠極佳華嚴北碑一跋而目則無之蓋宋
本從柔譜入未必遽有二本當由動以意改者大概皆是稍有一二字不合者已
注改 陸本訛脫若多柱 此本然既足以補 然本之錯字書中有草字恐
自宋本已然未必盡出寫手刊時應改與否請 再酌示閱
台從前日北上前津友言下旬尽已內 不在津物色寫所想 舍當不遠
甚為惦念 世兄一紙已 擲交王君印 請
檢收 不一 弟信再拜 [illegible]日夕

蘊公先生有道：前日寄一書并另寄北磵集二册，想達

左右。頃從有竹翁處見其甚夥，翁也隨有唐元書之子持其家藏汲古閣舊

藏宋元七十家詞（廿四册）殘本，今所名多。以其書未見過，四册確是毛藏，又有季

手校手補之頁，但索價奢甚。中吉以此價不能以聞於 公，不當作書告 公

省此書否，乃議價耳。不如作復乃可（伏）查此家再商乃耳。 又昔（諾）語為有

金親陳君來函謂集有湘花紀画百馬大幅，欲售于錢，文芳但知文芳書畫

不諳。以為之鑒定係價奴流耳。求以為之地，其畫不偽，但索三石金未定（兩），名

求 不前之斟酌，或全之，如感者兩條侍而察，印請

移另不一 廿八日

中伯頓首

唐人寫本三種附呈。此書因 森玉已有書致公，今往取之，價值亦不可 森玉

所位來商 森玉決不信此價，苟如全價應酬諸耳。其價全壽亦不易回

不申——

孟蘋吾兄有道：前上一書想達
左右。辰維
起居多勝為頌。此間氣候較南方為熱，連日得雨乃覺清快。前
兩日須赴天津一行，後恐節須入直，乃無暇也。敝處雪堂一序已
代撰就，俟由其改定數語。大序屢擬增改，苦無善想，即此已妥，
再加數語，為蛇足。未識
公意如何。孟劬于廿八日南下，來京房屋現向南北長街覓之，則坐
車入甚為便利，其地租價亦不甚昂，無則再向後門內尋訪。雖日
譬案羅當十二時出，錄序安靜，此帶但改處所不能免耳。如集
序跋改從後乃印裝，用黃色，若但須二部，其餘不必也。許未光生前
討，代為道謝。餘俟續陳，專肅敬請
撰安不一。國維再拜 廿八日
雅和先生前均此不另

孟蘋吾兄有道前奉

惠書敬悉一切欣慰

貴體早已康復爲念 弟於十六日已遷至後門內織染局十號

新租之屋共屋二十間上房及箱均甚高敞現在家眷未來即

以正屋作起坐及客廳了用於消夏爲宜也北方所見金石極

多奇品惟書籍則不多見昨在隆福寺文奎堂見一南桂坡館

活字本顏魯公集書品不甚佳價須五百元又於一家見一明仿宋

徐節孝集價三百元尤貴因與上虞姻等 欣然前日因便道往訪

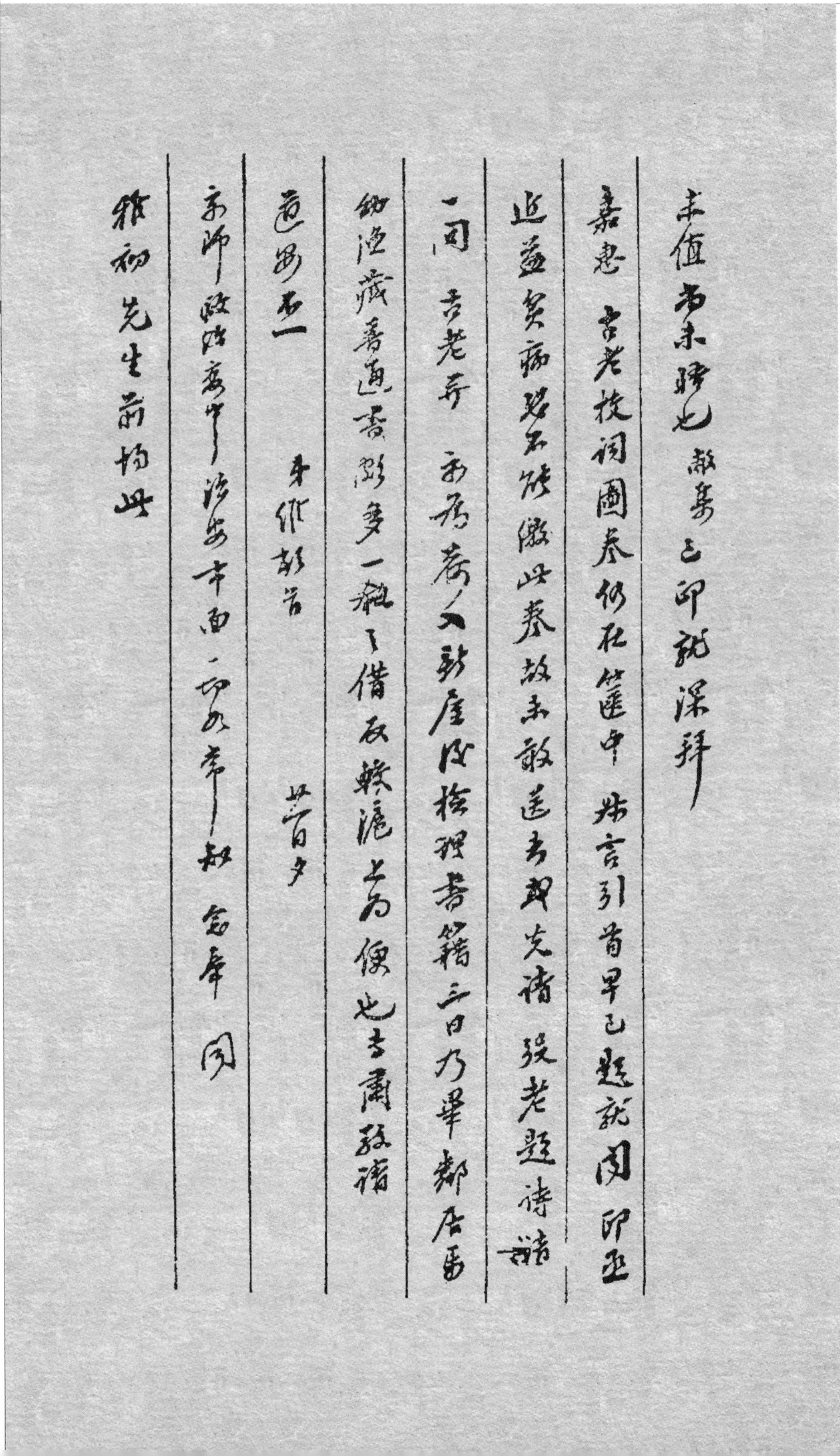

未值，而未晤也。敬奉已印就深拜
嘉惠。吉老校詞圖卷仍在篋中，昨言引首早已題就，閱印並
近益貧病，恐不能繳此卷，故未敢送去。取先請援老題詩，請
一閱。吉老前而為房人新居料理書籍，三日乃畢。鄰居西
物，漁藏書適者影多一瓶，借來較滬上爲便也。吉甫發稿
道安。弟作彭首 廿日夕
宗師政務殷中，海安市面一切如常，叔 念第 閱
雅初先生前均此

孟蘋吾兄先生執事：前十一緘想達

左右。頃維

起居多勝為頌。前月移居，改將

尊藏明人集目排比一過，

而尚有二三十種為千頃堂書目所無，其人或不易考，又無法位置。

尊藏如有明進士題名錄，擬借一過，如題名錄無者，則可用千

頃堂目例附於每朝後。此書請與拙集同寄

公暇時想亦北上之。專肅，敬請

撰安不一

弟維再拜

六月初六日

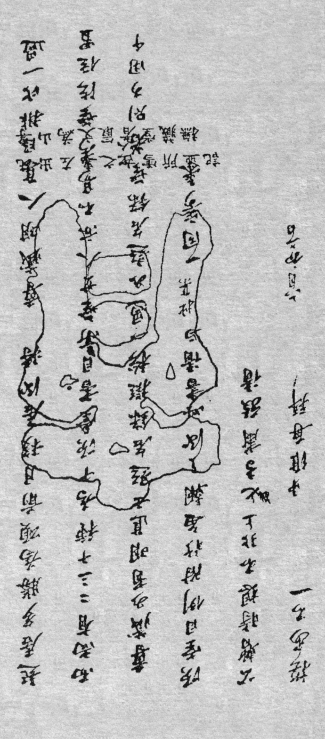

出山左為之最故者雪堂所藏盂撫記

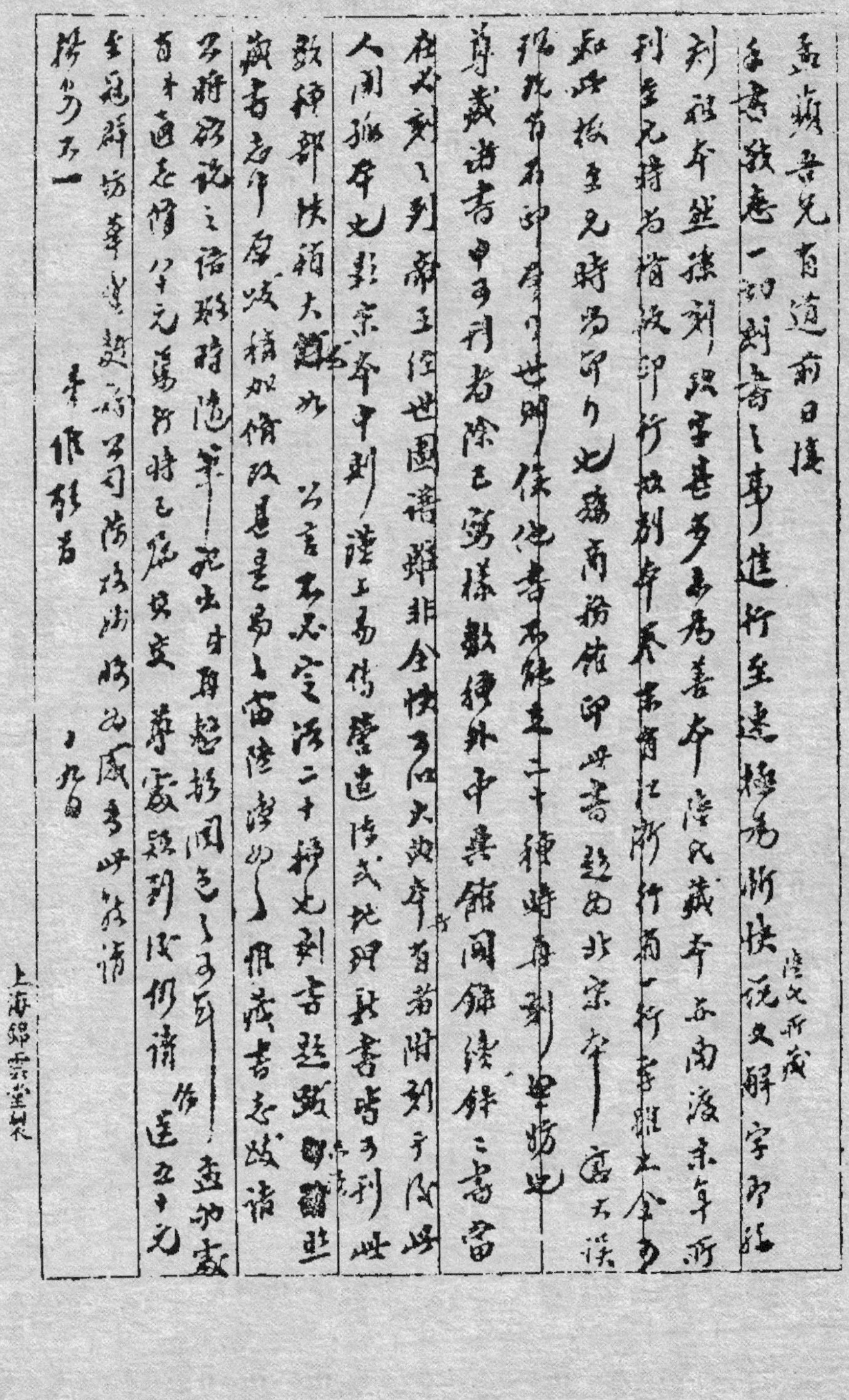
孟蘋吾兄有道：前日接
手書，敬悉一一。刻書之事進行至速，極為欣快。說文解字所據（陸文所藏）
刻係本與孫刻誤字甚多，不為善本。陸氏藏本亦南渡末年所
刊，吾兄特為精校印行，擬刻本參[illegible]前由浙行爲一行，字體亦全[illegible]
知此板至元時尚印行也。商務館印此書，題為北宋本，殊太誤。
[illegible][illegible]有在印[illegible]世所係傳書不能至二十種，時存刻本，無怪也。
尊藏諸書中可刊者，除已寫樣數種外，中興館閣錄、續錄二書當
在必刻之列。[illegible]王經世圖譜非全帙，可在大典本有若附刻于後，與
人間孤本也。影宋本中刻[illegible]上高傳[illegible]遺陵[illegible]書皆可刊。此
數種部帙頗大，[illegible]亦不少。不言不定。從二十種之刻，言題跋[illegible]茲
藏書志序跋積如倚改甚是否有當。陸[illegible]，佩藏書志跋語
可將所說之語聯輯[illegible]出手聞[illegible][illegible]，查印處
有本適在[illegible]元[illegible]所時已[illegible]交。尊處雖刻，[illegible]仍請 作 送五十元
[illegible][illegible][illegible][illegible][illegible][illegible][illegible][illegible]
撰安不一。　弟[illegible][illegible]頓首　[illegible]
上海錦雲堂製

孟蘋吾兄先生有道：頃奉
手書，敬悉一切。敦煌書今日始于藏家見之，珠字書另年號款本，不
知何如。《左傳》八行十六字，猶是五代、北宋、蜀本舊式，大字本作漢
書式耳。上所藏殘葉，同時與周首一開，宋刊本，白氏小注
敦煌石錄藏本，無全體，無聞，惜有補鈔本數葉，乃傳是樓舊藏
本，需價四千元，又今年所出第一宋本也，此書如未見，亦可向
寶沈庵及張菊生言之，當可得也。劉書精進，惟快無似，讀
首書擬之，然雖當再出，亦視時勢如何為定。方體字叢書擬刊若
干種，於先通示及當行奇藏目中，先開一單，寄呈。孟蘋
八十兆已送到，此後送尊處書，似可從陸致，如收到，於明日
於同大熱，閉關熱閉，亦為有數之者，肅請
撰安

弟 國維頓首 十九日

上海錦雲堂製

致蒋孟蘋

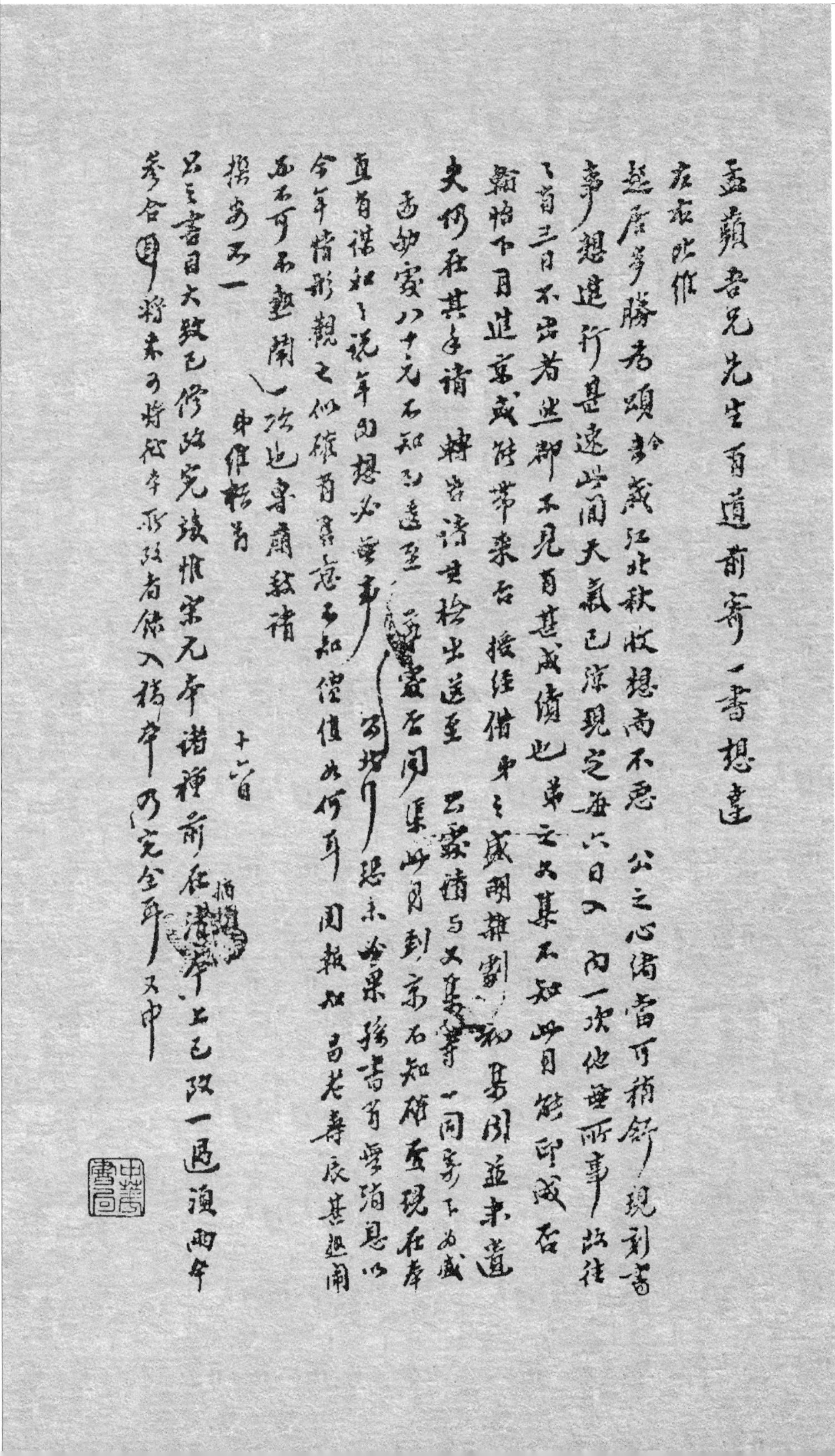

孟蘋吾兄先生有道：前寄一書，想達
左右。比維
起居多勝，為頌。今歲江北秋收想尚不惡，公之心緒當可稍舒。現刻書
事，想進行甚速。此間天氣已涼，現定每六日入內一次，他無所事，故往
往首三日不出，若此御不見有甚成績也。弟之文集不知此月能印成否。
翰怡下月進京，或能帶來否？援經借弟之盛爾雅[illegible]和其用，並求道
史仍在其手，請轉告請其檢出送至。[illegible]與又[illegible]寄一同寄下為感。
西夏八十元不知已遠至[illegible]否？聞某此月到京，不知確否。現在本
直首諸知〻說年內想必無事。另[illegible]懇未必果能書有學消息，以
今年情形觀之，似確有意。不知僕值如何耳。聞報知吾老壽辰甚熱鬧，
而不可不熱鬧一次也。專肅敬請
撰安。不一。　弟維頓首　十六日
又書目大致已修改完，惟宋元本諸種前在滬本上已改一過，復兩年
參合，周將未可將從本所改者歸入稿本，乃完全耳。又申

孟蘋吾兄有道：昨接
二手書，敬悉一切。張款代收文，感荷感荷。白
帖事，今日赴琉璃廠詢之，文友云沈君已得之，并另此書出自鄉間，
現有傳在廠中，萬不能購得此數書矣。京師圖書館因教部最
工已數閱月，前月有外國友人欲抄一書，竟遭拒絕同律一。北碙集事，
當即已函詢徐森玉，如該館有人照料，俟得其回信再
奉聞。兄致宣寄一函已面交，聞即將寄來，未知確否。此間天氣
已寒，今日小雨，頃有當意外致，撰注一函請
轉致為荷。北游已定否？手肅，敬請
撰安不一。弟維頓首 廿日

孟蘋吾兄執事昨接 快信并觀堂集林一部敬悉一切集林誤（已函批一通）
字雖發見數處然比較而言為多世無不誤之書即此已為審慎矣
江浙空氣甚惡亦恐不能避免發果爾則全國皆被牽動不致止東南
一隅也 弟此間停入因 工商念寒儒之窘狀啟摩藏非支絀仍照月給薪
秋冬間因置備家具冬衣貸於渴澤而漁然年底即無所恃好乎以度
歲滬上明正亦覺學費已不敷而布置（點之）
盛意殷拳至為感紉明歲如值缺乏當奉告也近聞坊肆言紀猶
白帖已售諸滬上得五千元未知信否惟然雖隘刊恐未必能出此價
也富晉事當即詢問此人於生意甚為已倍如果滬上有數家歸案
書籍即親至滬接洽照前甚願之（如需要古事渠可親至君詳）手覆即請
撰安 弟作霖頓首 廿四日

壺蘇吾兄有道：前日覆一函，想達

左右。當寄舊書籍事已打聽明白。雪堂處寄書皆作七折

計，舊算用百一二書作八折算者，是折扣不為不大，惟歸帳信

用尚佳。雪堂每二三月與結帳一次，無不應者，即每月一結亦

無不可也。到手後以奉（惟運費歸何處付，但未書明，故明日當再詢之）

閣下。閣處前月所云之拉洽如有此書，即請

擲還為荷。　中維板書一　廿四

再集林一書，滬上須送者皆不送，又今擬不另開，惟送外國

者則送伯希和一部，請託巴黎公司轉致其館，請便寄書肆，

約需三十五部，所用宣紙者可也。此事累兄，甚甚心甚不安，諸

候回謝之。

弟維頓首

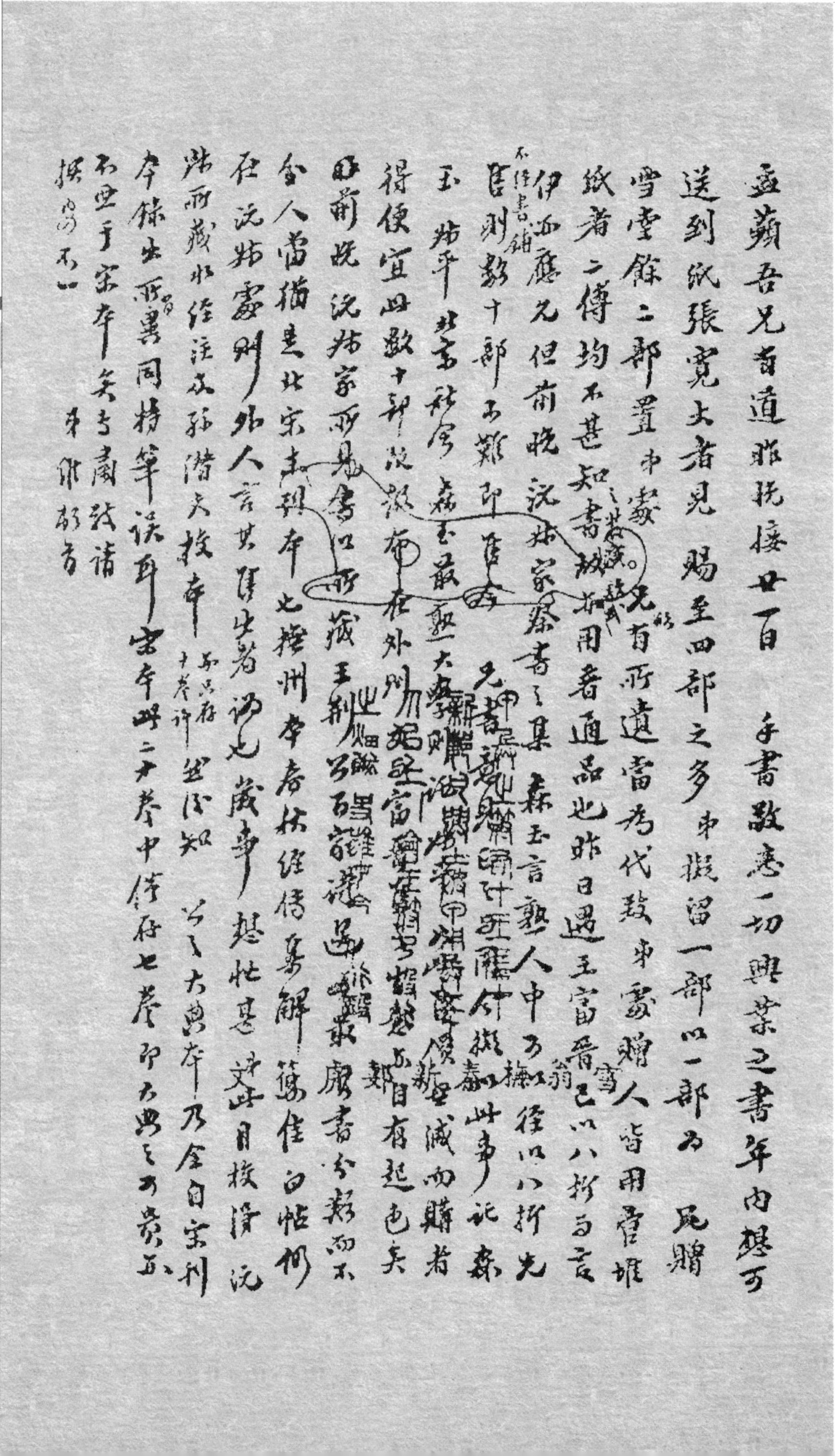
孟蘋吾兄有道：昨抵接廿日手書，敬悉一切。興業之書年內想可
送到。紙張寬大者見賜至四部之多，弟擬留一部，以一部為兄贈
雪堂，餘二部置弟處。[illegible]兄有所遺，當為代致。弟處贈人皆用賽連
紙者，二傳均不甚知書，[illegible]用者，通品也。昨日遇王富晉，已以八折為言，
伊亦應允。但前晚沈[illegible]家祭書之集，森玉言熟人中乃[illegible]往以八折，先
售則數十部，而鄭印[illegible]此事托森
玉。[illegible]森玉最[illegible]滅而購者
得便宜四數十部[illegible]鄭目有起色矣。
目前既沈[illegible]家所[illegible]藏王刻[illegible]廣書介紹而不
今人當猶是北宋本之撫州本春秋經傳集解，[illegible]佳白帖何
在沈[illegible]家則外人言其[illegible]嚴事，想[illegible]文日校沈
[illegible]所藏北經注疏[illegible]潛夫校本[illegible]知，[illegible]大典本，乃全自宋刊
本錄出，所異同精審，[illegible]宋本[illegible]二十卷中僅存七卷，即大典之可貴五、
不必于宋本矣。專肅敬請
撰安　不一　弟[illegible]頓首

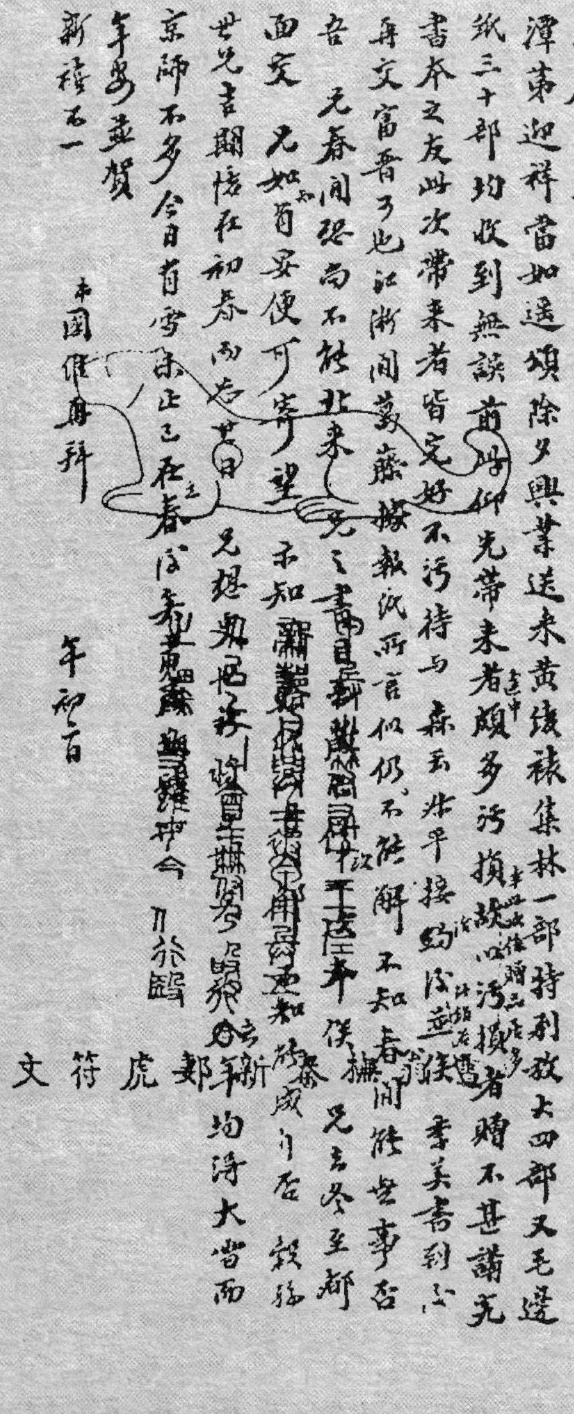
孟蘋吾兄有道：獻歲發春，敬惟
起居多勝。
潭弟迎祥，當如遥頌。
京師不多。今日有雪，
年安並賀
新禧不一
弟國維再拜

孟蘋吾兄有道：昨接
手書，敬悉一切。前日寄一書，亦想達 左右矣。弟前開寄贈書，尚未知
此書現本須若干冊，今能否擬先擇最要者贈送，大約有二十餘部，多數合
贈而以因近因事，最日多，緻此為草列清單，事煩復之，懇寄下書籍
來。卿先處尚未送到，之候當先寄書與各家耳。見示 富書[illegible]大序亦
為荷。專此即請
撰安。弟維頓首　十二日

陳弢庵
朱艾卿
莊士敦
紹越千
耆壽民
寶瑞臣
葉柳楷
袁珏生
朱彊邨

楊子勤
景朗九
溫毅甫
[illegible]書南
徐森玉
今西龍 日人
[illegible] 蒙人
伊鳳閣 俄人
杉風生
金息侯

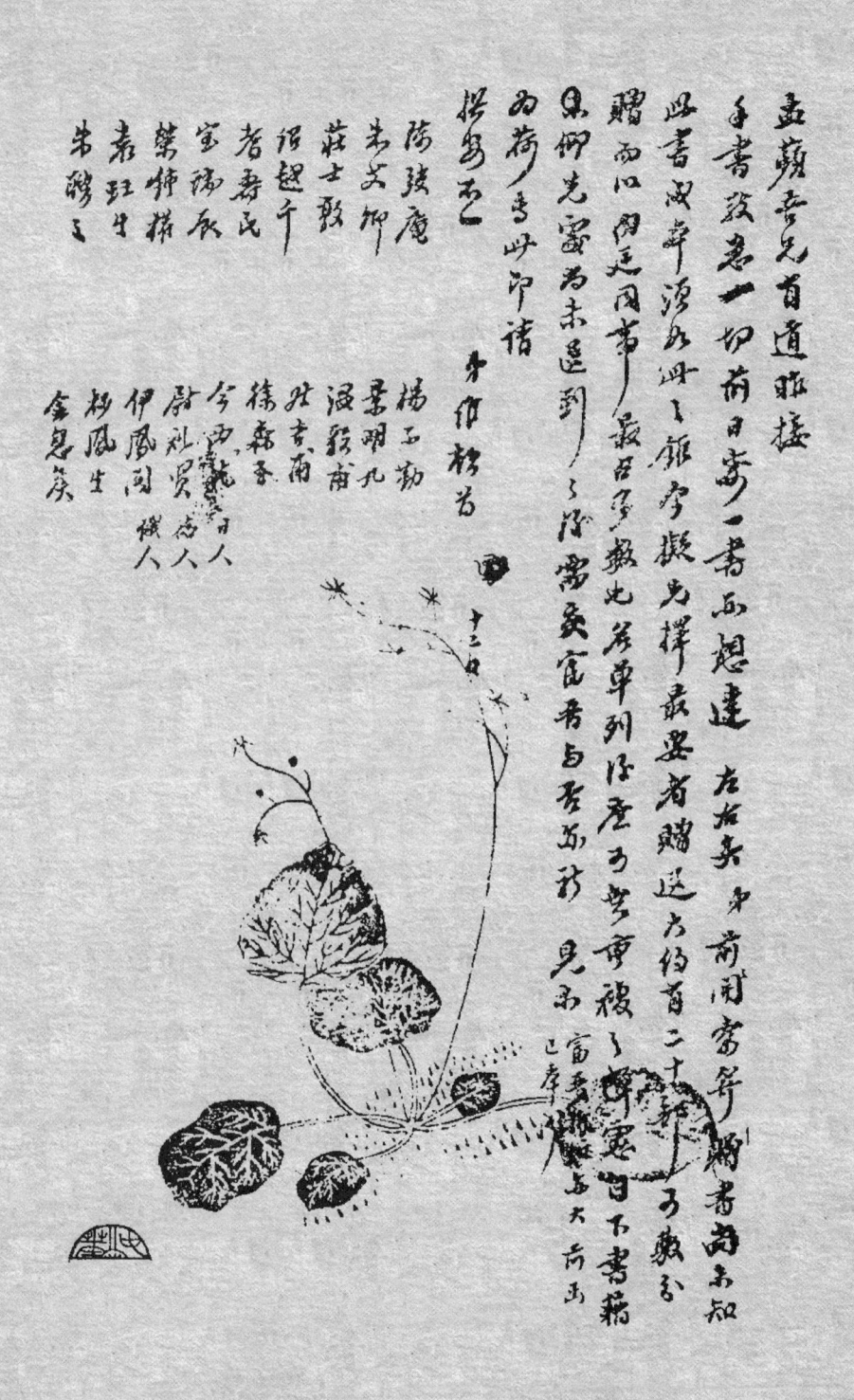

孟蘋吾兄有道：前寄二書，想達
左右。前日由仰先處送來《觀堂集林》白紙十二部、官堆紙二十四部，已如
數收到。內弟欲贈人者，約黃紙二十部，其餘當再問雪翁，如能以八
此書者由吾定價四五折，故皆大學堂中留買八折者銷數甚鉅，請一問，渠能不
折歸帳，當即付伊，以出售也。大學……事，自本
知伊者如何辦法也
似亦可銷數十部。弟曾三部寄日本……新鄭贈內藤教授
此二部便乞寄廣倉學窘贈書之事，厚蒙吾兄感謝無盡。虎符黃陵若不
知何時能成，如成請由郵寄下。專肅敬請
撰安。
弟維再拜 十七日

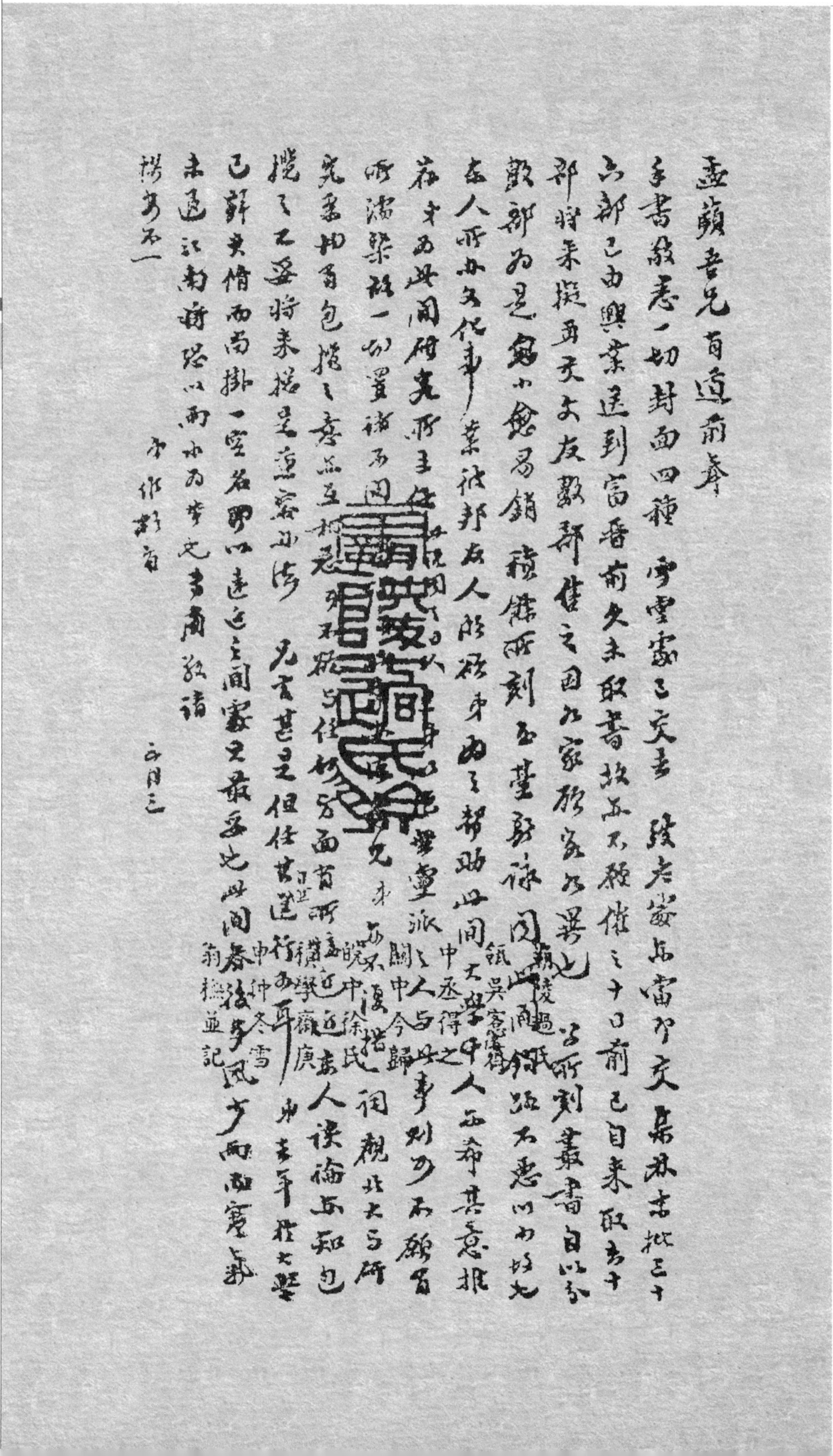

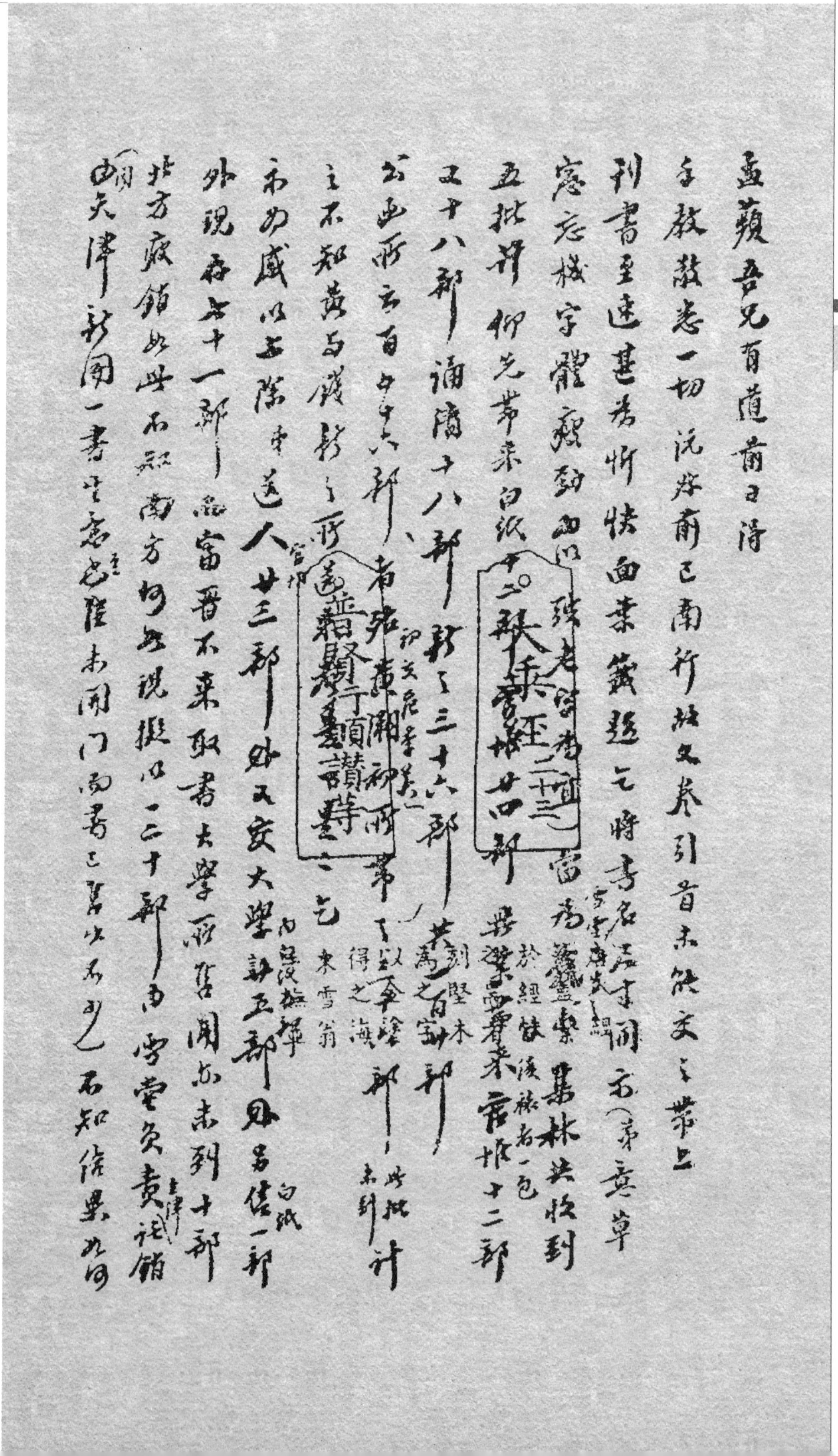
孟蘋吾兄有道：前日得
手教，敬悉一切。沈君前已南行，拙文兩引首未能交之，當上
刊書至速，甚為忻快，面索箴題之時，乃易名孟[illegible]（[illegible]草
憲忘機字體，應勉為之。殘本大乘經二十三，當為[illegible]集林，共收到
五批，計柳先生寄來白紙十四部，大乘經廿四部，另[illegible]來[illegible]十二部
又十八部，補寄十八部，新印三十六部，共[illegible]之百部，此批計
又西所云百五十六部，者[illegible][illegible]第[illegible]部，未到
云不知[illegible]與殘[illegible]之乙東雪翁
而今感以為[illegible]送人廿三部，此又安大學[illegible]五部，另寄一部
外現存七十一部，[illegible]當晉不來取書，大學所售閱亦未到十部
北方疲銷如此，不知南方何如？現擬以一二十部由學堂負責代銷
（閒）由天津新聞一書[illegible]未聞[illegible][illegible]已寄出否？乙不知信果如何

聞此間出一宋本秀集甚佳 古作叢之書 聞某以千二百元得了 又借此禪
文等出 流轉到滬 當已有所聞矣 專肅敬請
撰安 弟 作頓首
十九日

唐人經籤蓋繫於經帙之耑者刻之堅木為之字以金塗之海得之東雪翁手摹並記

孟蘋吾兄有道：前奉書想達左右。雪堂所書封面前由致敬堂

兄寄申附上，想已收到矣。殘老所書亦於昨日交來，其雪巖吟

甲叢八叢

草雪字誤書靈字，欲將其改書，又誤此時日，故請

兄處汲古閣書目所錄改正，但不知是叢書是本，補之一種

書一字，較為簡捷也。局紙奉呈，請

鑒收。

精陵過氏

江都秦氏

鐵吳窓齋

於木兄處

也。此後寫者又付天津十二部，當晉處取去，中郵得之，將近十日，尚未

讀悉。取書則另致 請

撰安 弟國維 十九日

關中令歸

皖中徐氏

積學齋庚

中仲冬雪

翁撫並記

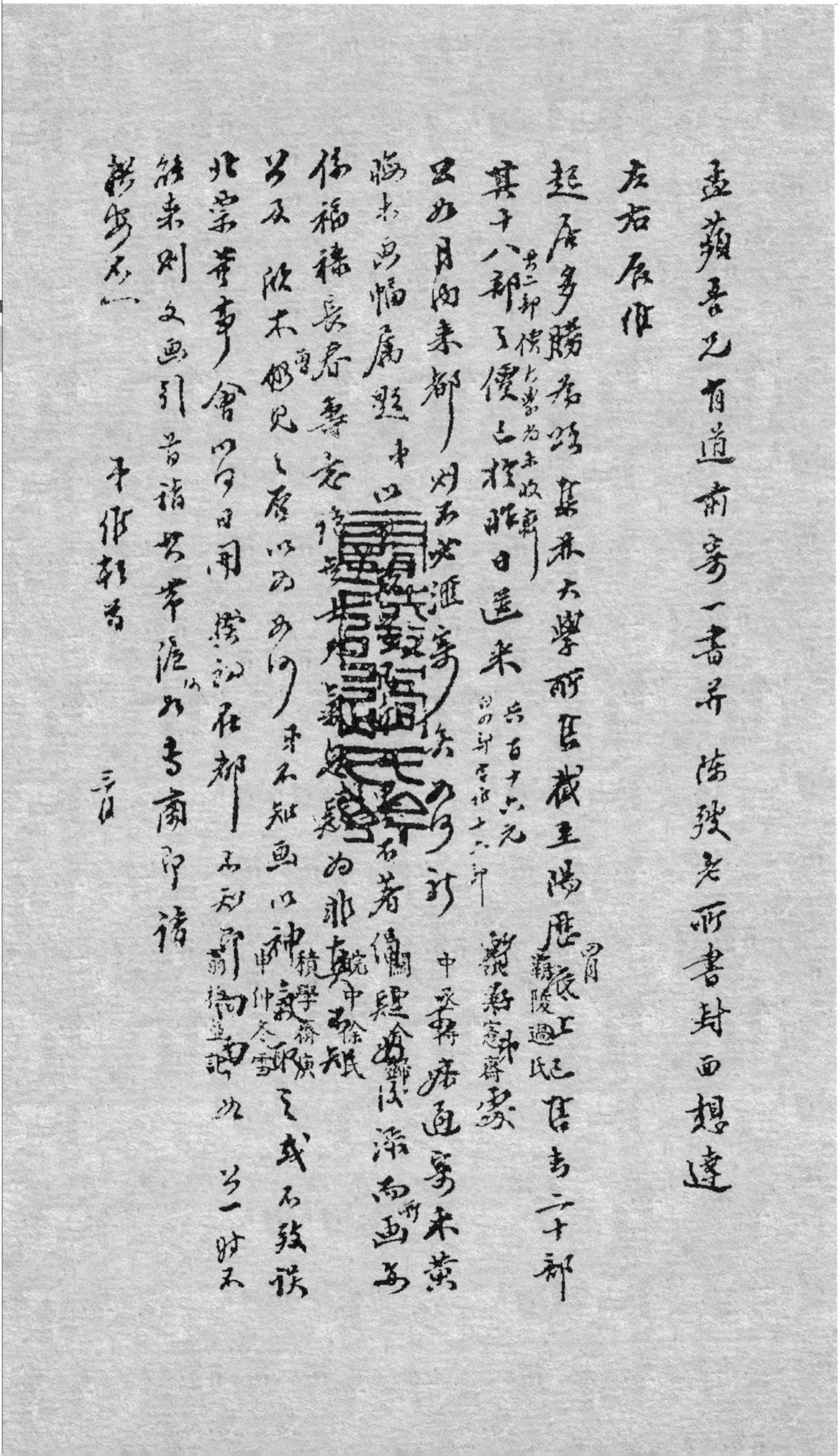

孟蘋吾兄有道：前晚奉
手書，敬悉一切。忘機集封面大小請再畫一紙（前所畫擬從張老處要回，然已無有），請張老書之，不
難，特稍需時日耳（不過三十日）。須早定。微多事，海藏亦事亟，函恭滅裂與前此之因循腐敗
者正各趨一極端，可慮可慮。至此數月中，心緒至為不安，然無補救之法，奈何奈何。前此擬
書三日一值，至午後二時始出，自本月起擬書事畢始為，七日一直，正午即出，未直日
亦值是期，此外非有他事不入也。頃未來寓，何處自滬上一別，不覺一年，此時
得有一月為留，快何如之。此間西幅處文黃潮初，但不知其人已回去，然總須確訪初
第四也。此幅即係光緒中葉士人取士黃老大貨模一類，以姻時人者其頗實可驗也。
弟未來寓何處，乞覆。敬請
撰安。　弟維頓首
廿六日

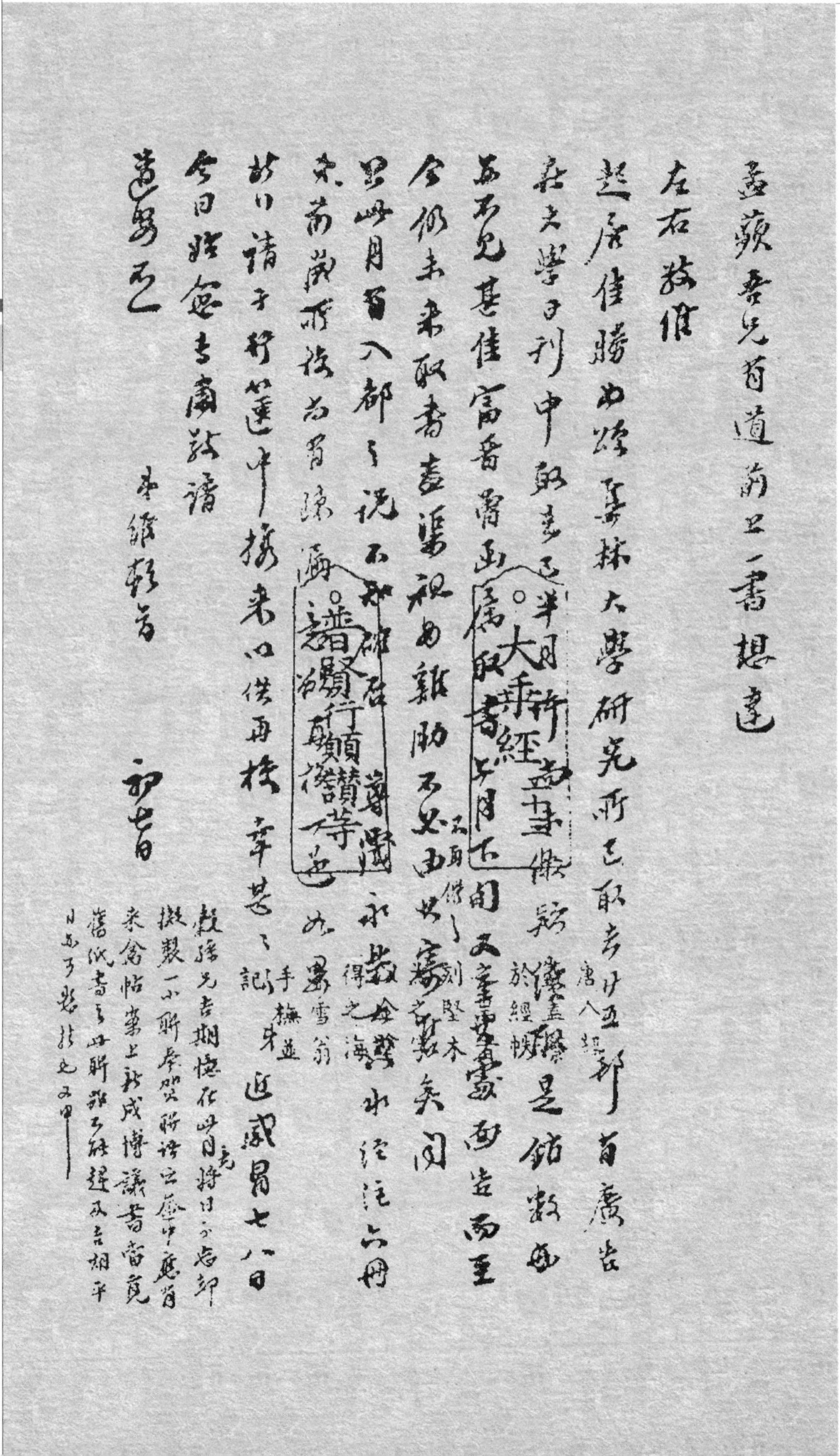

孟蘋吾兄有道：前上一書想達

左右。敬復

起居佳勝為頌。[illegible]林大學研究所已取去廿五部……

孟蘋吾兄有道：兩歲曾上一緘，想達
左右。伏惟
起居多勝為頌。[illegible]府芾十八部（長林）業已寄到，觀（?）百六十部
左右，故目下擬即以此部交富晉書大學寄售（由研究所寄在不經京書部）[illegible]即日來
取，前以聞。
聞滬上銷數如何？今年[illegible]
今日始說始知[illegible]于年底[illegible]
說渭涇物由湖州國書館轉寄者，前此竟無知者，殊可異也。
肅頌
撰安。弟一
[illegible]維頓首　十首夜

[illegible]

撫　秦　符　文

孟蘋吾兄有道：數月以來，憂惶忙迫，殆無可語。直至上月始得休息。現主人在津，進退綽綽，所不足者錢耳。然困窮至此，而中間派別意見排擠傾軋，乃與平時無異，故常於上月中已決就清華學校之聘，全家亦擬遷往清華園。雖此人海，計亦良得。數月不親書卷，直覺心思散漫，會須收召魂魄，重理舊業耳。滬上諸老想均安善。病老在津曾談數次，聞尚須有兩陵之行，方南返耳。古老、孟劬等須常晤聆，所以此書示之。弟月內擬遷居，届時

再有書奉　閱也　兄今歲春夏間想必有北行企業護

辰不甚需時日否專肅致請

撰安不一　弟維頓首　三月吉

致蔣孟蘋

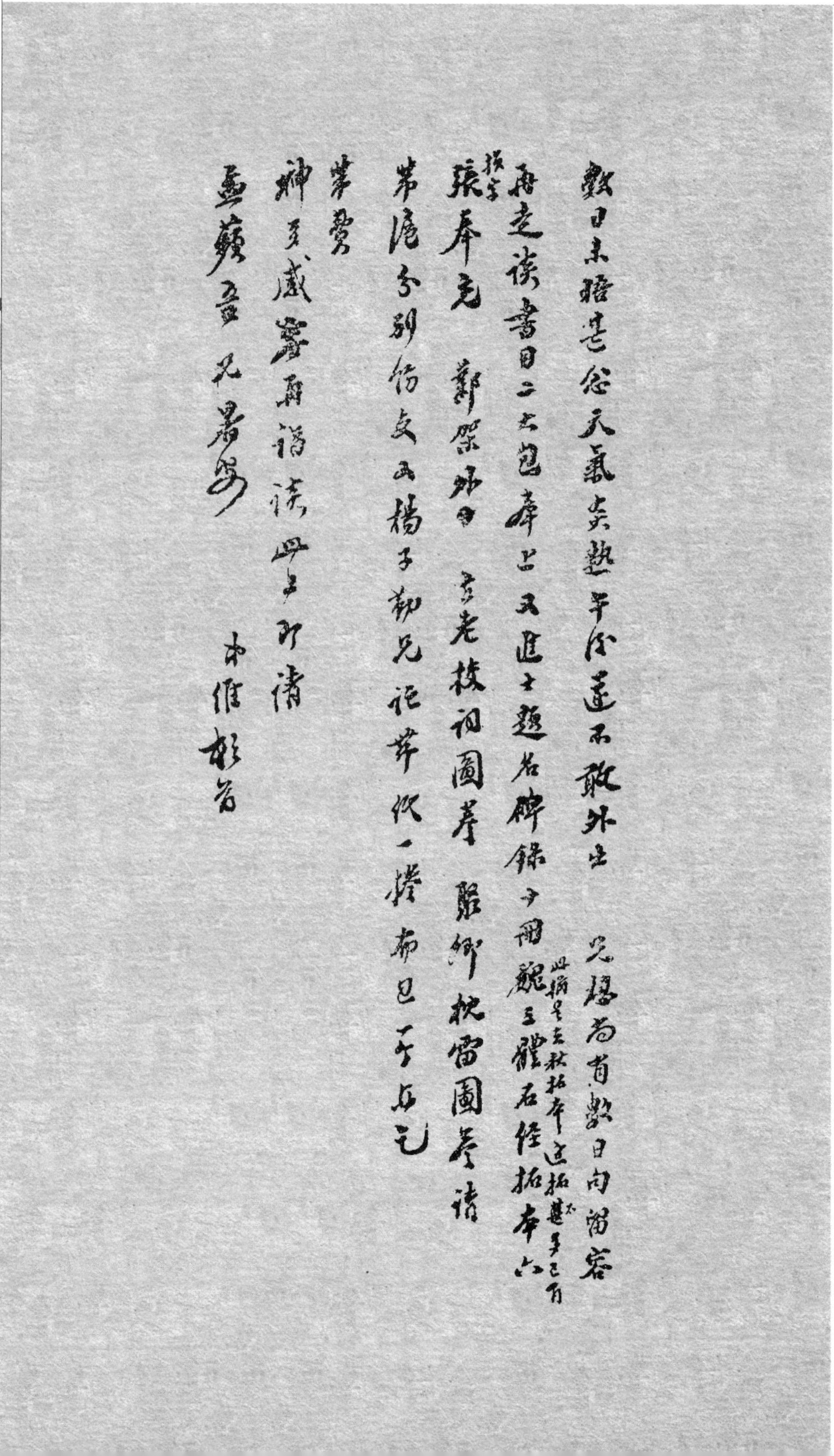
數日未晤甚念天氣炎熱畢竟不敢外出　兄擬為貴數日內留客
再走談書目二大包奉上又進士題名碑錄十冊魏三體石經拓本六
振宇張奉先　鄭璞卿　吉老校詞圖卷　雕鄉校雷圖卷請
弟處分別備交兩揚子勤兄託葬似一樓布包一千五元
第覽
神交感審再請談四弟所請
孟蘋吾兄暑安
弟維彬首

孟蘋吾兄有道別後忽忽不覺六旬敬維
安抵滬江
起居多勝爲頌此間自 兄行後又大雨數次永定河又決
東堤雖經竭力搶護未必能保無事沿鐵路一帶自黃村
至北倉彌望皆水津南尤甚津埠危甚而吾浙乃以旱
災告聞江浙聞又將有事果爾則北方亦將爲牽動不知
浙事能消弭否滬上諸友想均已晤見前託帶諸
件費 神至感雪巖吟草一跋此次 兄帶去之目業

加修改，但尚須請穀孫先將宋本與潘氏所鈔三卷本（否則將鈔本目錄寫示亦可）一校篇數多寡，而乃可定稿。專肅，敬請

撰安

弟維頓首

十三日

孟蘋吾兄有道：別後忽忽兩月，敬維
起居佳勝為頌。道闇賀還，有意外事，未識容易措注否。委
心任運，不動天君，是處困第一善法，亮
兄必能得此訣也。此間節事亦多波閣，正與海上相等。集林售
價至節邊止得七十六元，如需此款，可由鄭局滙奉哈園，欲延當
老月奉百元。弟兩次致書，未得其覆，未審何故。如晤古老，請詢
之。專肅敬請
撰安。不一

弟維頓首 二十日

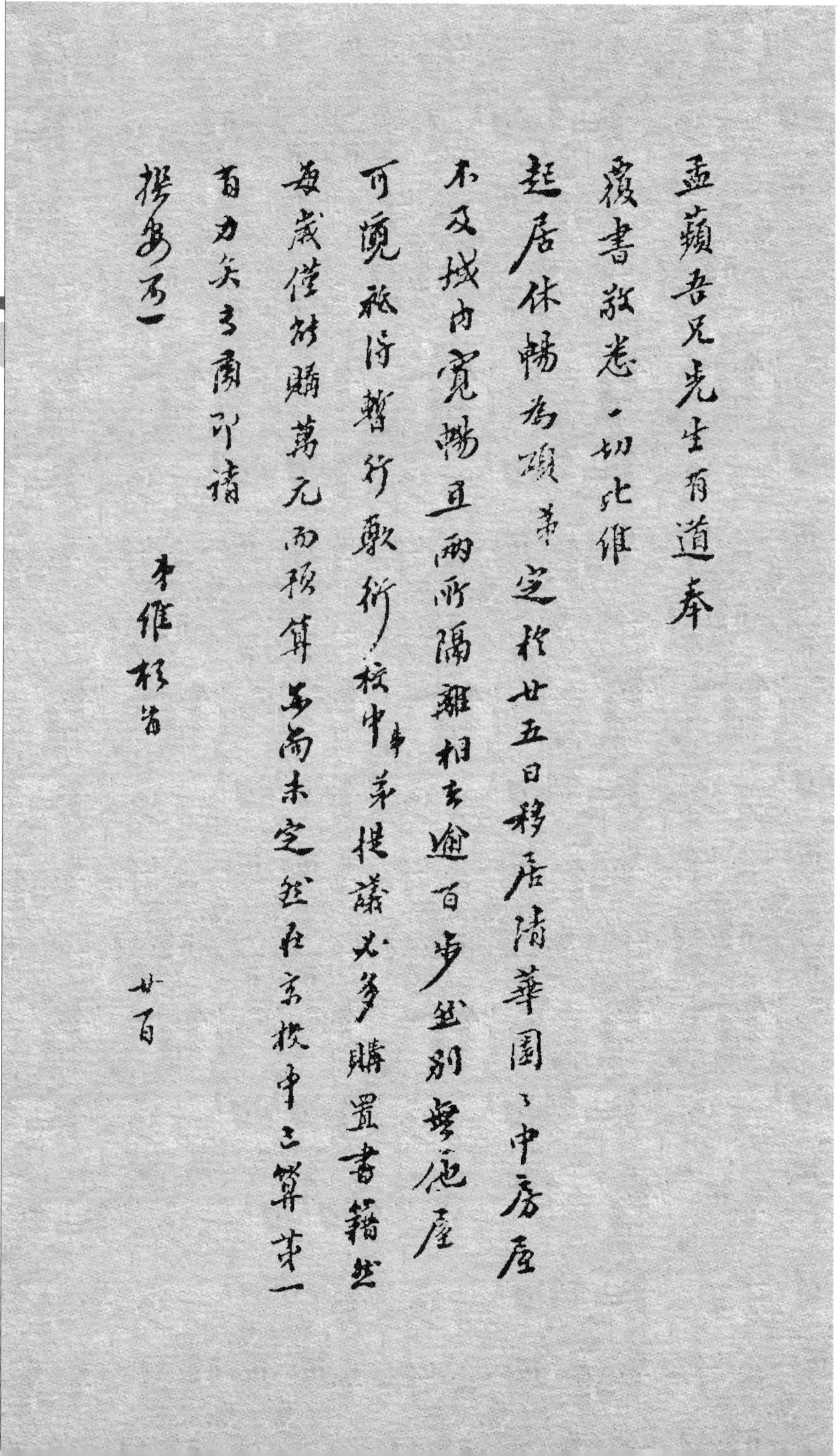

孟蘋吾兄先生有道奉
覆書敬悉一切比維
起居休暢為頌弟定於廿五日移居清華園中房屋
不及城內寬暢且兩所隔離相去逾百步然別無他屋
可覓祇得暫行敷衍校中事提議甚多購置書籍然
每歲僅能購萬元而預算亦尚未定然在京校中已算第一
有力矣專肅即請
撰安不一

弟維頓首

廿日

孟蘋吾兄有道：不通書問又兩月餘，比維

起居多勝爲頌。滬事近今想尚未有眉目，此次罷市商家損

丁在君在報上發表頗穩健說，已爲激烈派所集矢

失不少，但使能不釀大亂，已爲幸矣。觀堂集林售價已收到二

百零，此間有大陸銀行，然如寄郵局亦便。其款由大陸匯寄，抑

由郵局徑寄，請　示知爲荷。弟自郊居後進城極少，每月不過

一二次。近作長春真人西遊記注，大略可以脫稿，唯有書須查，寄稿尚

待數月也。古老北來，聞入都數日事後乃知之，不及往談。比於月中

旬赴津，則已行矣。天氣漸熱。兄暫時想不北來，四月中在津

晤　存君渠時由滬歸說

兄興會甚佳至為慰書肅敬請

撰安不一

弟維頓首

五月二十日

孟蘋吾兄有道：奉

復書敬悉。

近狀甚願，風潮此間（事）亦知，不有主者，來日大難，誠如

尊論。此間書籍號稱五萬冊，然有用時甚感缺乏，譬如讀山

詩箋注，手本頗頗近年兩小兒取去，後欲閱讀，要要校本則無

有也。即其餘欲查之書大率類是，即此可想。

兄重刻遺山詩注，甚善。尊跋當代作，亦不需施傳也。觀堂

集林價二百圓（權刻者共二百零四元，此次匯費二元），日內即由大陸銀行匯上，到

及詩賜

夏為所共書尚存數十部（白紙本書三此次因 色西乃發見之）尚丟數令耳

銷售之多寡敬請

指教之

不佞拜首

十一日

孟蘋吾兄有道前寄一書并元詩箋跋竟達
左右辰維
起居多勝為頌此間自從大雨時行順直一帶被災頗重天時
人事皆棘手為與良民為難不知如何方了前日在津聞雪堂
言陶蘭泉兄月如之刻洪武本輟耕錄而欲盡刊陶南村之書
其書史會要一種係借雪堂所藏洪武刊本付刊而刊本缺首
三卷知
兄有影鈔本擬借

鄞架本補此三卷陶氏雖已刻抄四庫本實則不可用也又荷

允許可請

徑寄天津法租界三十一號路第一號雪堂處手也本此奉陳敬請

撰安不一 弟振頓首 廿日

新年往謁，被留相左，甚悵。頃奉
手教，并
賜隨庵四種并徐公文集，拜謝拜謝。昆明門天王家再本已三紙，
又切韻印本一冊，請 轉交劉世兄。此書係北京大學友人之屬印，
作處價每五十本，已全送盡，此非賣品，恐將來不易得也。手此奉
謝，再圖良晤。敬請
積餘先生大人道安

國維再拜

致徐积馀

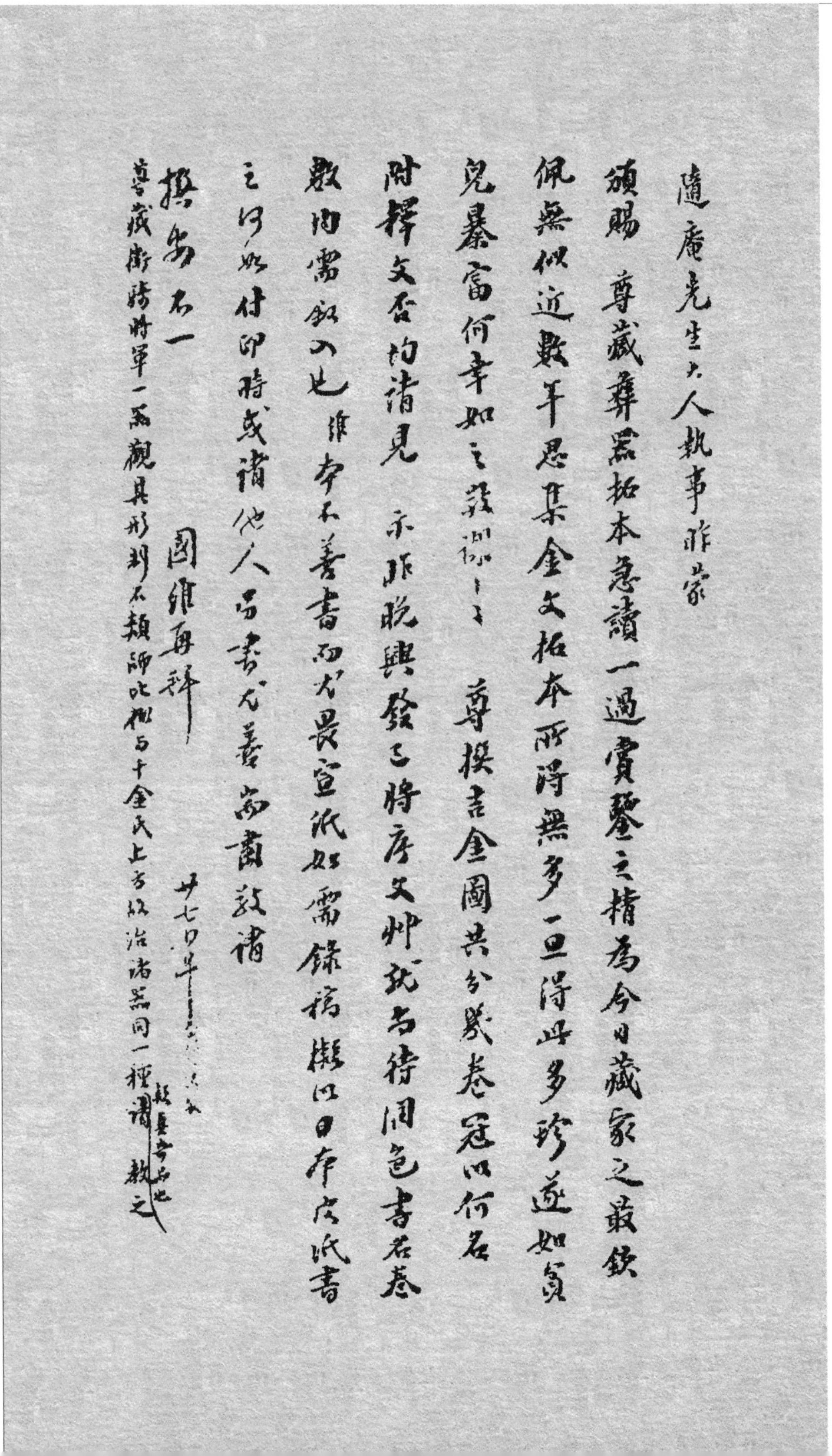

隨庵先生大人執事：昨承
頒賜 尊藏彝器拓本，急讀一過，賞鑒之精，爲今日藏家之最。欽
佩無似。近數年思集金文拓本，所得無多，一旦得此多珍，遂如貧
兒暴富，何幸如之！感謝感謝。 尊撰吉金圖共分幾卷？冠以何名？
附釋文否？均請見示。亦非脫稿興發，已將序文草就，寄待同意書，若卷
數內需敍入也。維本不善書，而尤畏宣紙，如需錄稿，擬以日本皮紙書
之，何如？付印時或請他人另書尤善。專肅，敬請
撰安。不一。 國維再拜 廿七日早
尊藏衛始將軍一器，觀其形制不類師比，擬與千金氏上方故治諸器同一種，[illegible]請 教之。

久不作詩，筆意枯澀，勘書圖草草題成一絶，欲反蘇
堪詩意而語意拙劣，胡了甚不愜於心，有污 尊卷，且恐且慙。
蘇將原圖呈上，祈
察收為荷。專肅，敬請
積餘先生大人道安。
國維再拜
新歲忘卻甲子，圖中年份誤丁巳，殊可笑也。又申

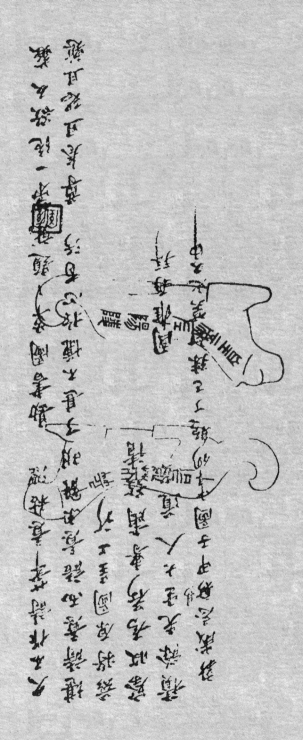

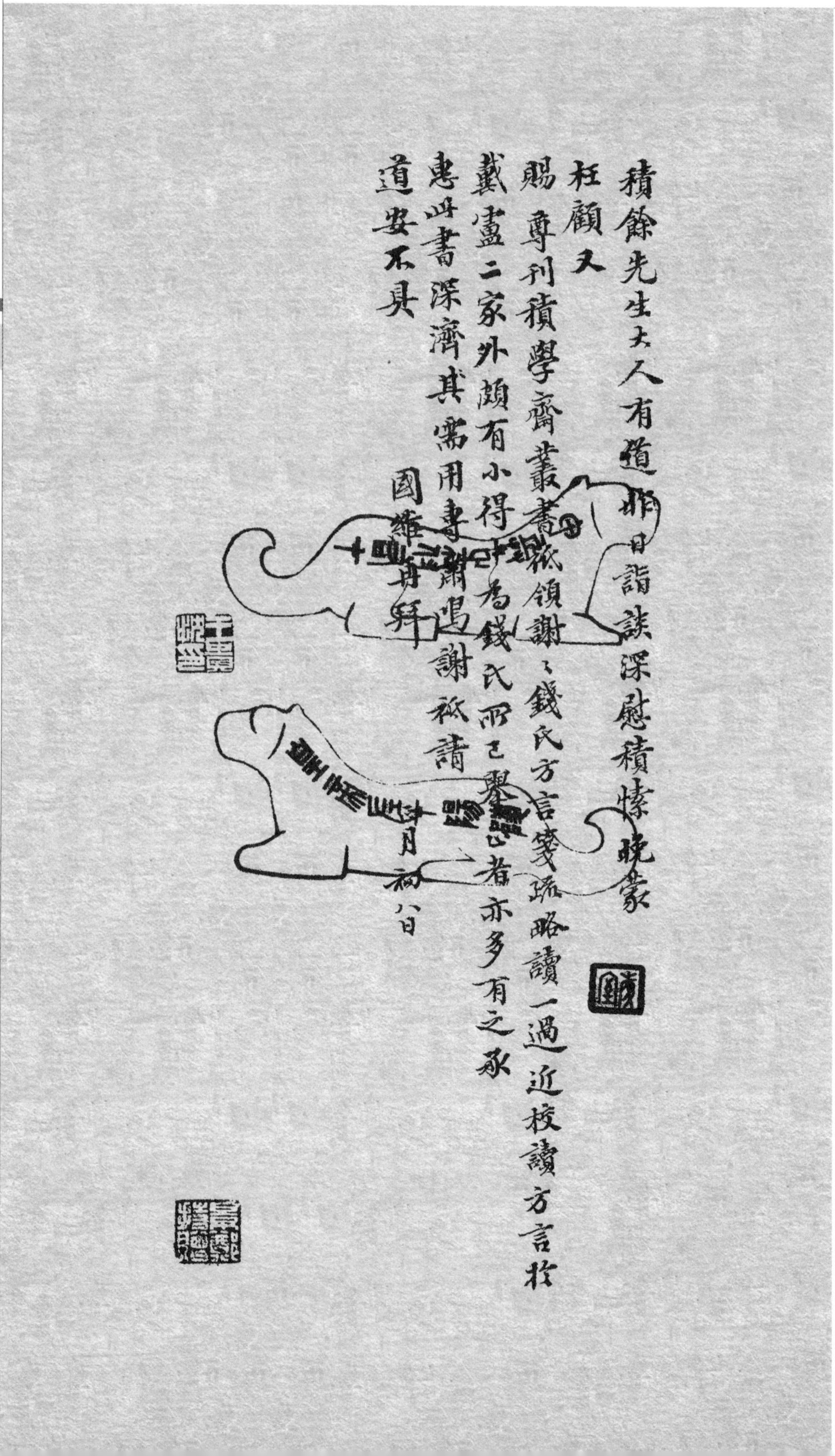

積餘先生大人有道昨日詣談深慰積悰曉蒙
枉顧又
賜尊刊積學齋叢書祇領謝〻錢氏方言箋疏略讀一過近校讀方言於
戴盧二家外頗有小得為錢氏所已舉者亦多有之承
惠此書深濟其需用專肅鳴謝祇請
道安不具　國維再拜　十月初八日

積餘先生仁人執事久未奉
教敬維[illegible]
起居多祉爲頌敬啓者頃有日本友人富岡君撝名謙藏日本京都大學講師游
歷來滬凡關
收藏之富擬詣 前一觀富岡君古鏡甚夥所收藏亦不少擬盡覽
尊藏古鏡其餘金石古籍爲[illegible]者若干件 非
言參事省示介紹附呈 左右如蒙[illegible]日期當借 富岡君造
謁專肅敬請
道安不一
王國維頓首 [illegible] 廿四日
再劉聚翁已未歸滬請 見示因富岡君欲訪 聚翁於七月中 四弟請寄大通路吳興里號等

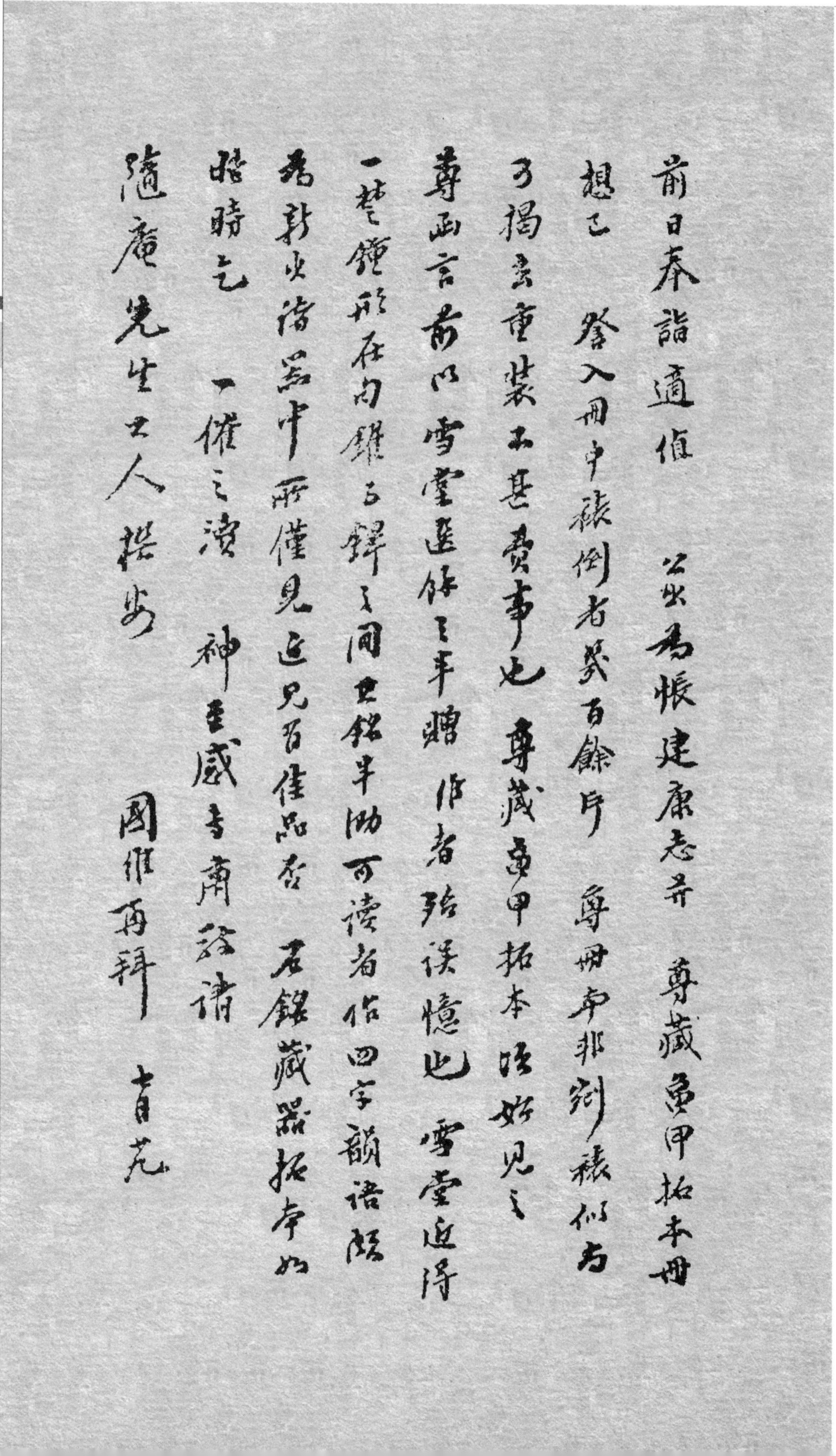

前日奉詣，適值　公出，爲悵。建康志并　尊藏龜甲拓本冊想已　登入冊中。裱倒者癸百餘片，　尊冊亦非割裱，似爲可揭去重裝，不甚費事也。　尊藏龜甲拓本昨始見之，　尊函言前以雪堂遺餘之半贈作者，殆誤憶也。雪堂近得一楚鐘，形在內鉦與鉦之間，其銘半泐，可讀者僅四字，韻語頗爲新出諸器中所僅見。近見有佳品否？　君錄藏器拓本如暇時乞　一借之。濟　神甚感。专肅，敬請

隨庵先生大人撰安

國維再拜　[illegible]

前日

屬題秦公敦拓本，正欲濡毫，苦無下筆之處，因此拓付裝時，文字

必作三層分列，全形拓本之上方已不能容，若分裝兩幅，以文字爲一幅，

器形爲一幅，則器之上方安

題字。照此裝潢，即甚合宜，最好

圓足之幣 文曰郢

付裝後再題，則器形之

題字之作辭二

朱今歸

美國雪

翁據墨

本手撫

並記

尊意如何也。

手肅敬請

隨庵先生大人撰安

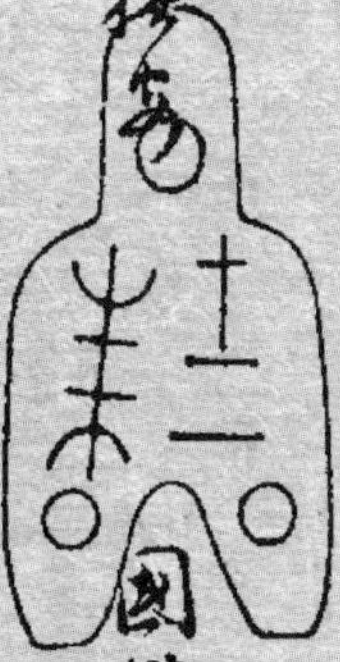

國維頓首

手教拜悉弟言於初四日抵滬初七晨坐早車赴天津現定于月

杪歸來屆時當有十日勾留也專此奉復敬請

積餘先生大人撰安　　國維再拜

初九日

蘊庵先生大人有道：瀕行既荷
盛餞，又蒙 遠送，感謝無既。維於十三日抵津，十四日入都，
二十日謝 恩，到差。現暫寓司法部街東華銀行，現在亦不必每
日入直，俟四人再定入直辦法也。初到忙于酬應，惟不甚有見聞，所
知者洛陽新出魏石經甚多，除三大塊外，尚有小塊無數，又出一字
石經一小塊（隸書），而有相似者數塊，亦似漢石經，此近來一最快意事也。
專肅鳴謝，餘俟續陳，敬請
道安，不一。 國維再拜 廿四日

上海錦雲堂製

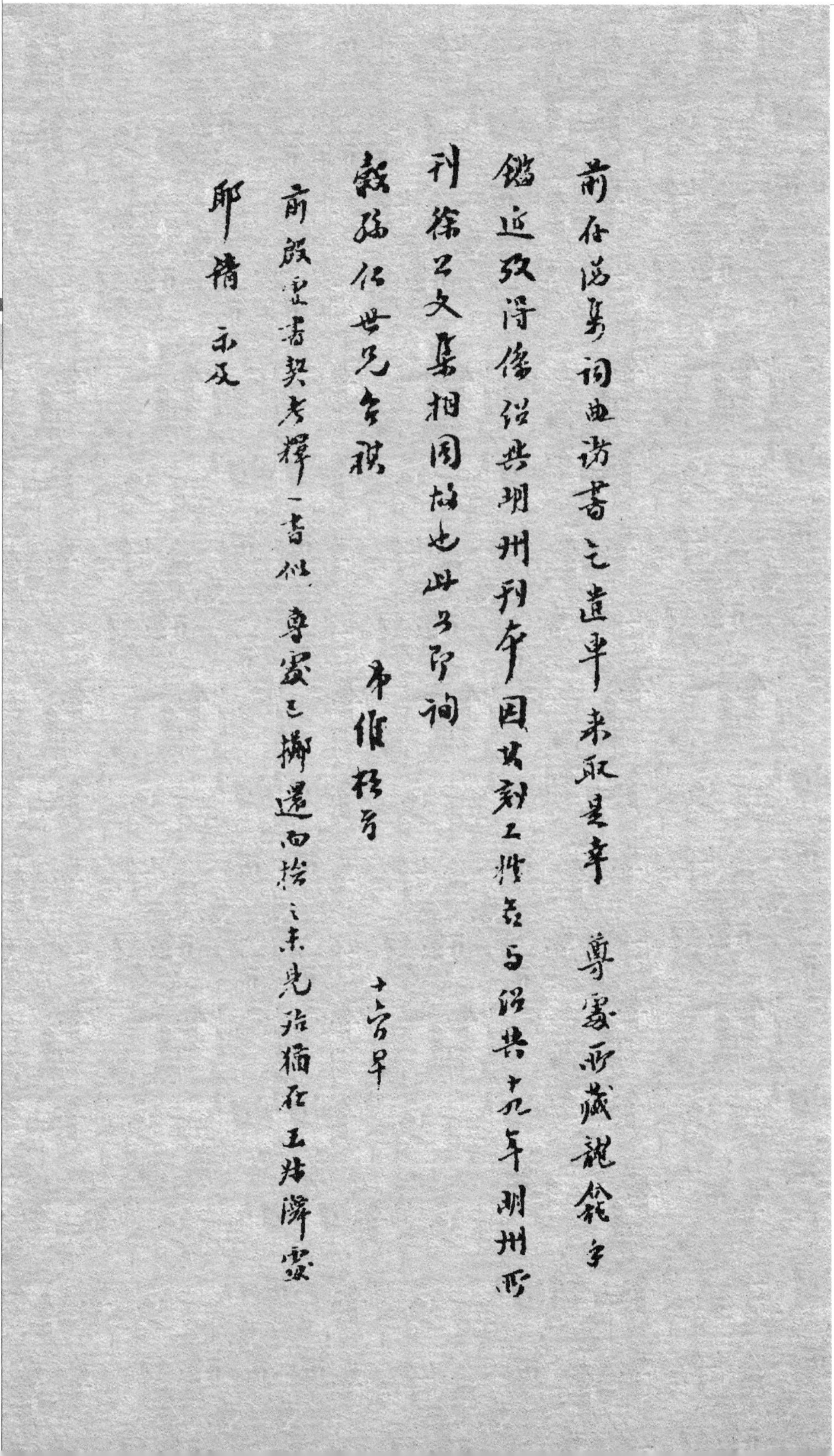
前在沪获词曲诸书之遗,卑来取是幸。尊处所藏龙龛手

鉴近既得缘绍兴明州刊本,因其刻工姓名与绍兴十九年明州所

刊徐公文集相同故也。此可印调

穀孙仁世兄台祺

弟维顿首 十六日早

前假云书契考释一书,似尊处已携还,而检之未见,殆犹在王雪澄处

耶?请示及

多日未晤甚念天氣稍涼得接手鑑過手以傳本相勘印奉
二第一部乃郭傳本誤而殘本不誤者至二十餘字（爲書傳七葉）他郭乃以
傳本訛字若無此稍是且殘本字體樸勁遠出傳本之上而傳本
敗以遠刻自誇真不可解；其實殘本刊于南渡而傳本則南
宋中葉以後江西福建刊（寧）之前集部早錄畢請飭車換書爲
幸此上即頌
翰孫仁世兄台祺

國維頓首　十四日

前書錄畢乞

飭便 攜書纂圖互註禮記於撫州本上校一過乃

与嘉靖徐刻本大同蓋同出建大字本也專此敬問

榖孫仁世兄 台祉

東國伊敬書 廿三日

久未晤面甚念

尊大人行程想已抵京師矣 承寄經部書業已錄畢 望

飭車將史部書送下 將經部書取回至感 史部正史一類有只

需首冊及尾冊者 不知

尊大人已論及否 如檢理為難則請 先將部頭小者（如別史雜史

二類中多小部書）交下為可 手此即請

穀孫仁兄世大人 台安 弟王國維頓首

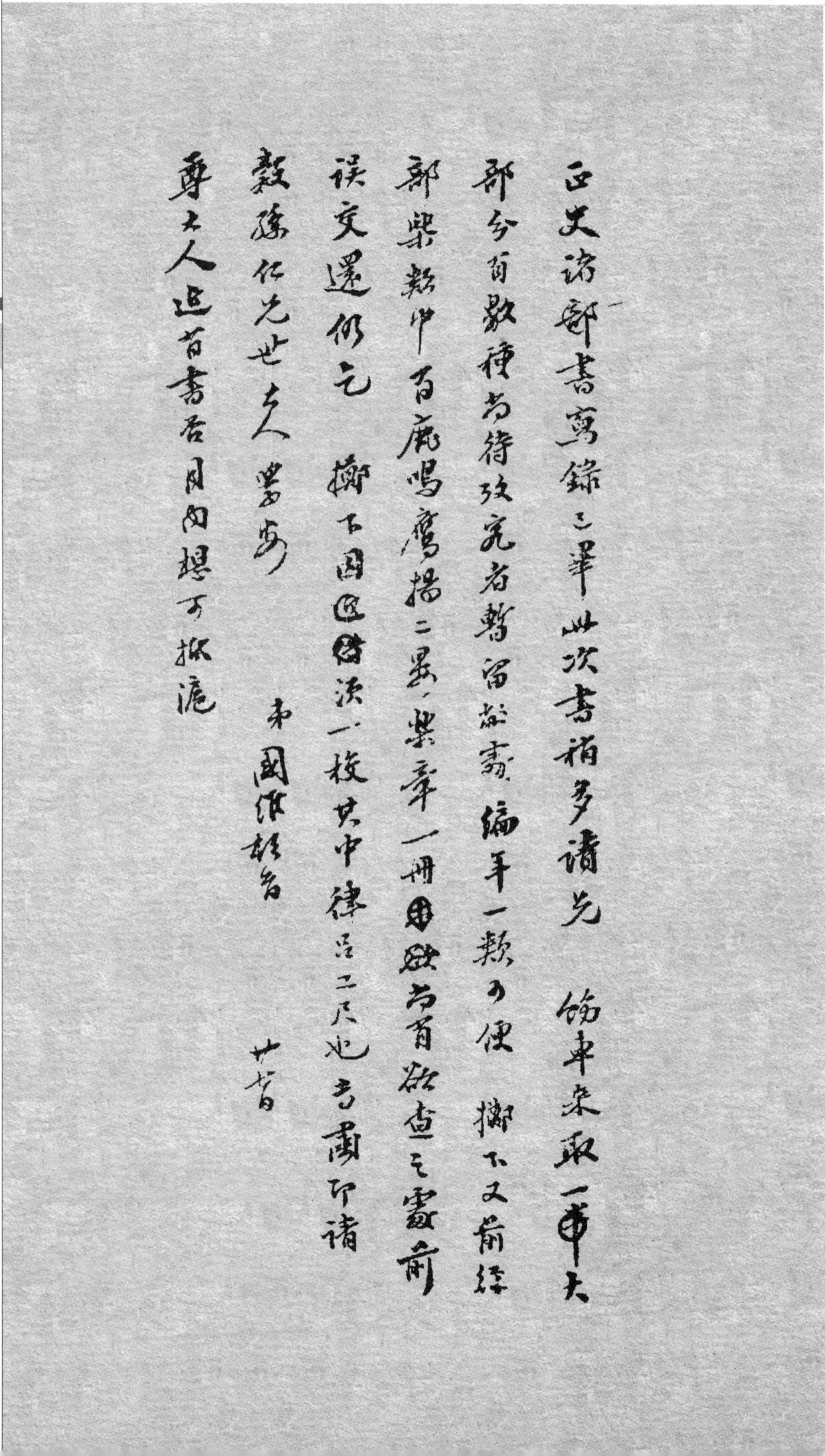
正史諸部書齋錄之畢此次書稍多請先飭來取一車大
部分可數種尚待攷究者暫留敝處 編年一類可便 擲下又前繙
郡乘數中有鹿鳴鷹揚二冡、冡牽一冊 因啟有斂查之處前
誤交還仍乞 擲下國巡次一枚其中律呂二尺也寄康印請
穀孫仁兄世大人 史安 弟國維頓首 廿七日
尊大人近有書否月內想可抵滬

前書錄畢請飭車摒書　尊大人舊日曾收一南監本三國
志此書未曾入錄又因作陳仲魚所藏國志殘本跋語一卷孫
（南監本出于衢本此本乃翻北宋監本同）如另撿得乞於此
次寄來為荷專此即詢
穀孫仁世兄近祉　弟國維頓首
廿四日

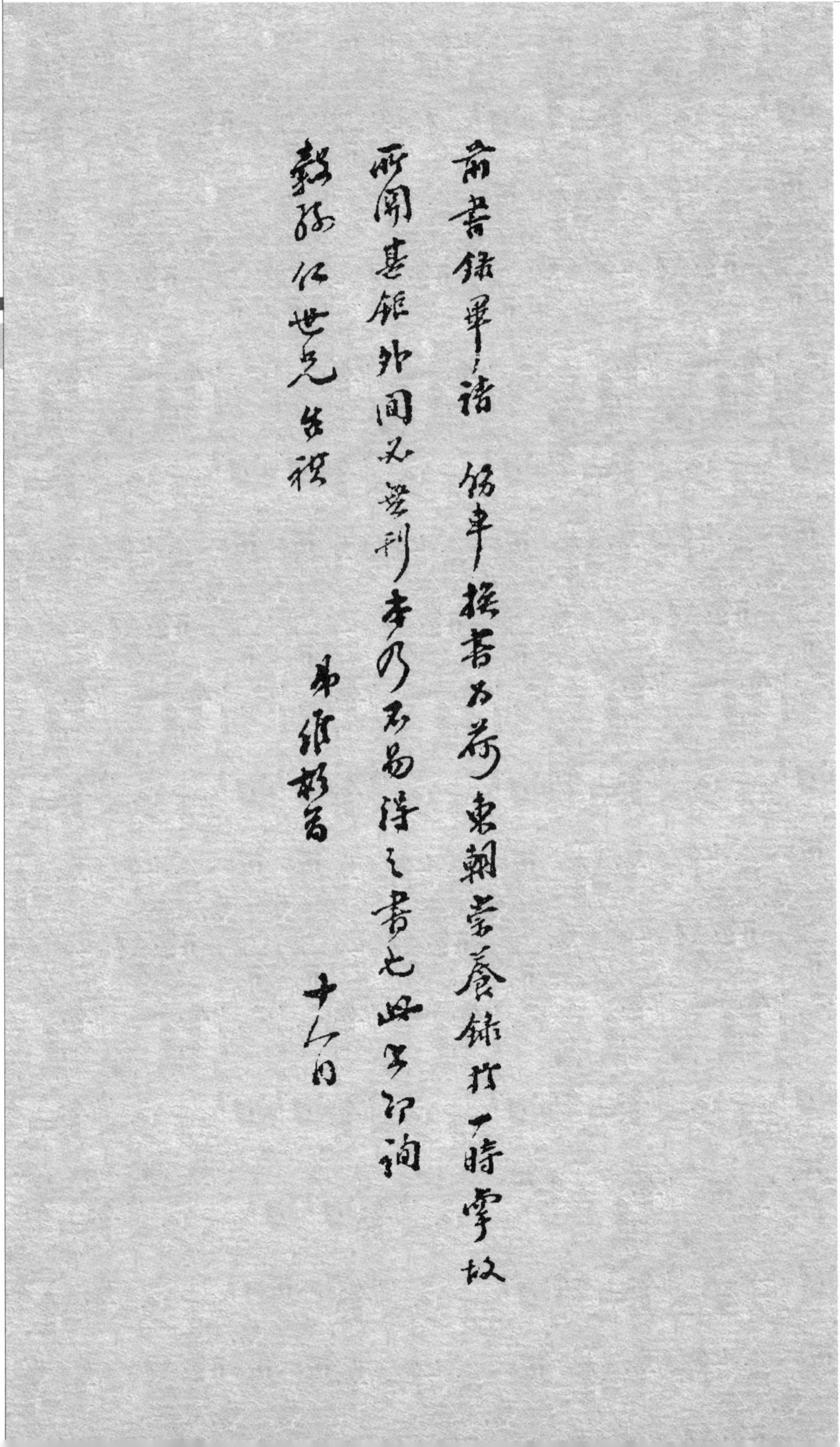
前書錄畢，請 飭車接者爲荷。東朝崇養錄於一時掌故所關甚鉅，外間又無刊本，乃不易得之書也。此事叩詢
穀孫仁世兄先生　弟維頓首　十八日

手札並書四卷兩書并一單帶還 尊扇當即書 拙詞前
錄出一冊不過二十餘闋俟檢得即送上即請
穀孫仁世兄台鑒 弟維頓首 十八日
元刊胡注通鑑來函似尚有袁文等跋擬即日檢出送
書請一 檢爲荷

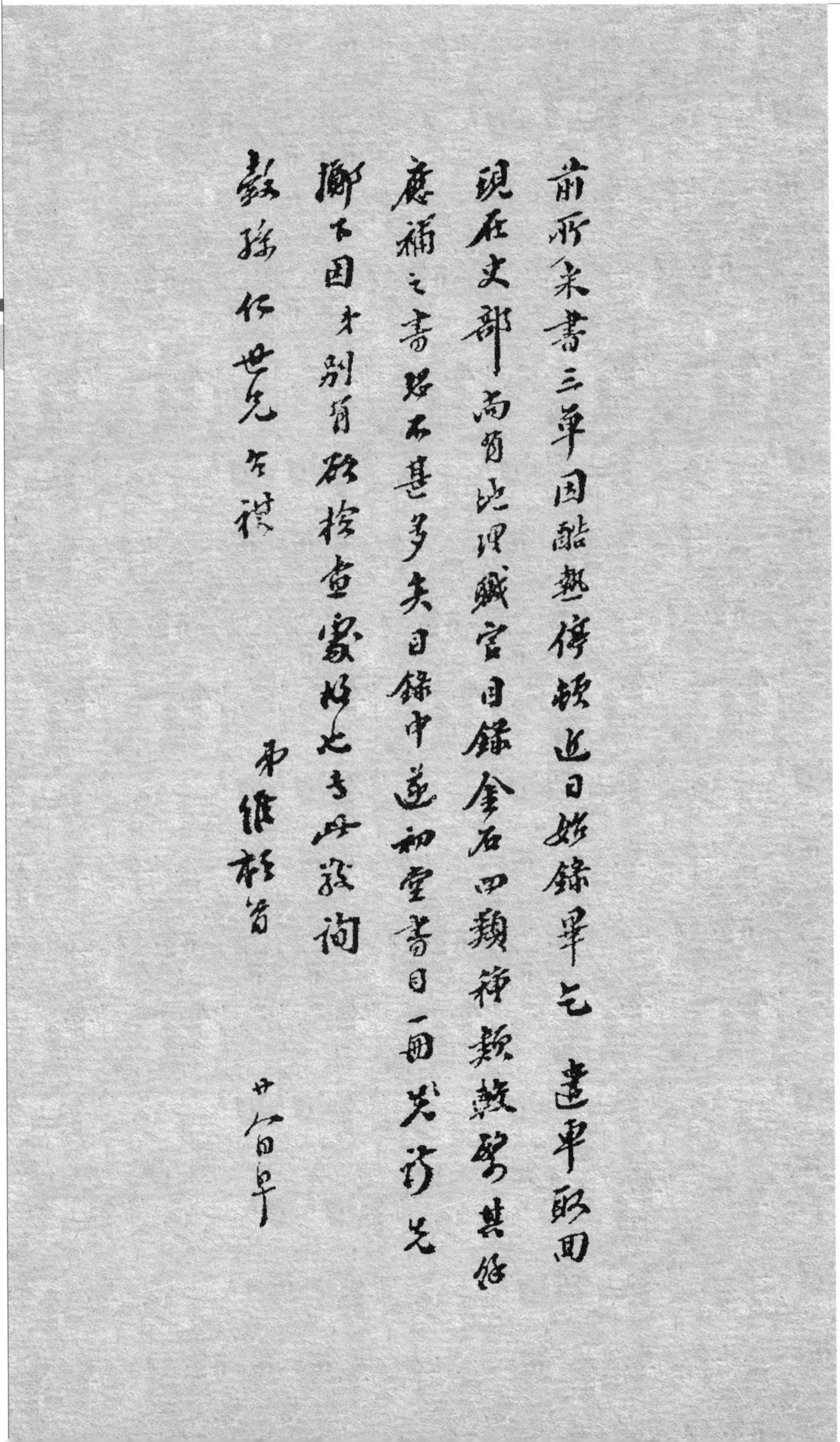

前所來書三單因酷熱停頓近日始錄畢乞　遣單取回
現在史部尚有地理職官目錄金石四類待數較繁其餘
應補之書雖不甚多矣目錄中遂初堂書目一冊乞飭先
擲下因才別有校檢查家好之考據詢
穀孫仁世兄台祺
弟維楨頓首
廿八日早

類書一門錄畢，已條舉換書名，於三才廣志第二百三

十九卷，原書撰人但名題浙西吳琬編，後據千頃堂書目知琬

字汝美，長興人，此外尚著書。此書為湖州人著述，尤可喜也）

帝王經世圖譜前日已交威海衛路寓所詢

穀孫仁世兄台祺

弟維頓首

初吉

藏復胡監製

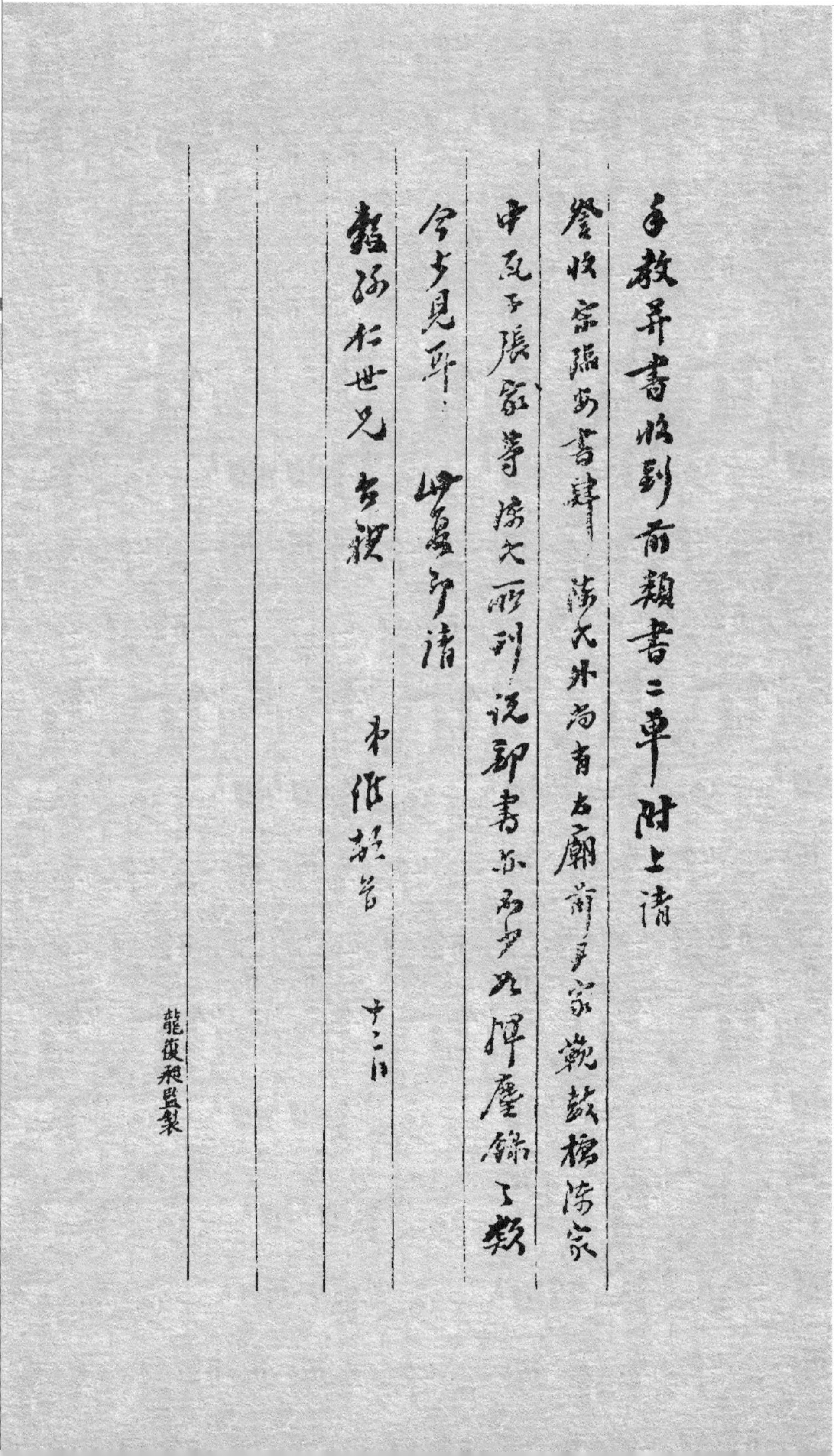
手教并書收到前類書二車附上請
登收宗臨安書肆除文外尚有古廟前尹家觀鼓樓陳家
中瓦子張家等除文所列說郛書不多見惟塵錄丁數
令步見耶　此盛予請
榖孫仁世兄　安覲
弟　俶　頓首　十二日
龍復和監製

前書録畢，天晴即行。舫車換書藏經數十種，除舶
來一冊是宋刊外，餘皆元北藏也（由兩省永樂中代州人印造，附子以是知之）。寶賓録
二十卷，初讀（序亦翻印其偽）其内容不歡，比細觀之，乃影鈔元刊困學紀聞
而易其名耳，誠可異也。專此即詢
穀孫作世兄近祺　弟維頓首
廿六日晨

龍復翔監製

前書錄就乞 遣手換書李賀歌詩編及小本蓮華經之交

尊公處李賀詩用金本一勘其與金本異同字之八九皆係剜改而金本

祖本係司馬溫公藏本即此本未剜改本此則南渡以剜改之本也

其刊於北宋即此可證專此即詢

穀孫仁世兄台祺

弟維楨頓首

六月望日

龍復祖監製

前書錄畢乞　飭車携書送還（三日之力校）尊藏（明鈔）張說之文

集二十五卷明鈔本佳甚嘉靖刊本奪去二葉又卷二十三內

脫文一篇又脫前一行（者）十字改正刊本誤字甚多不能悉

計可謂最善本矣四部叢刊本俟附校記以據傳流

於所藏汪小米謠黃校本錄出僅十（冊）卷有校餘悉無之

且所錄疏忽尤可異也此上可詢

叔蘊仁世兄台祺　　弟維啓　　初四

龍復飛監製

前日送来
尊公手影之鹤山大全集二函，内中一本三册中四两乞将二四两函
一并送下，以便与活字本及嘉靖本一勘内容为荷。其宗撤篇
与刊本颇讹，诸书拂晓前日已带至威海卫路，请 金炸收矣否
收阅
縠孙仁世兄台祺
弟继顿首 十九日
尊处有明遗是在所刊宋元名家集本，其中有宋深之集三卷，其第一
卷恐是忠拟篇，四库集乃第二卷。弟意以此书和究继仿顿及

馥孫仁世兄左右：頃奉
書并拓本敦志，一切拓本中二鍾一鼎一敦蓋與建初尺
並非真品，惟鬲甚精，牙牌亦罕見，無銘之尺均比漢尺長
六七分，疑是六朝物或唐之小尺，此物甚可珍重。弟此
數月來日在憂患中，亦毫無所見，秋冬間擬理西府銅
器，未半而罷。昨聞宮中人於坤甯宮檢得王莽嘉量，
斛[銘]斗升合龠皆具，與漢書律歷志所載者同，馬叔平即
據此作劉歆銅斛尺，并即欲推、補隋志十五種尺同

原拓甚完好，惟铜铭词稍模糊，弟所不忍往观也。

尊处旧藏景叔所藏之彝除已缴

尊处外，敝处尚存八九十元，其余

尚未缴来，不知年末尚能缴若干，今年不及汇寄矣，为罪。

即候

起居不具

弟国维顿首 廿日

尊大人前乞代问安

叔韞仁世兄閣下：前日得

手書，敬悉一切。金陵鈔板拓本謝謝。此板處不知在何處，今乃知尚在人間

也，想得價不甚貴，然亦不得過賤也。諸說書，能但中有數字寫懷抱

劉翰怡可以改善本，亦所得書皆業祖德堂收藏校勘[illegible]氏文集，彼齋所

[illegible]校者，即與尊府所藏殘宋本同。今所得校本[illegible]是否異，望

宋本全帙也，聞之至慰。尊大人所編代[illegible]之越[illegible]之書，能可

附寄否。從者南來[illegible]閣中[illegible]同此[illegible]

林所見古書古器，亦不甚[illegible]宋本[illegible]皖中徐氏[illegible]

本曾借校一過，因知尊處所藏大典劉注所引[illegible]日積學齋[illegible]

處不甚用者，外可此借諸大典時，如但多所遺漏[illegible]

借校之本，處[illegible]即候

近祺不一　弟[illegible]頓首　[illegible]初六日

甲申仲冬雪[illegible]羽撫并記

穀孫仁世兄左右：頃接

手書並諸拓本，歡若晤對，三復 書語，為之慨然。前接

尊君復書，已知此事頗未顧實，無法以相慰藉，故至今尚未作函。今

晨適復覽前編書目草稿，乃知再竭數十年之力，未必能再得此數。

然山河大地尚有變移，不過當局者難以為情耳。 尊君意興蕭索，

固可想而知。前有 出遊之說，不知果否？目下收束後尚能自給否？至以為

念。弟在此地當兵事之衝，鄉間困苦不堪，同惟未波及學校耳。鍾牙尺

確是唐物，其制度長短與日本正倉院所藏二尺一一相同，不知工傳教

色否祈

示及 向謂唐尺惟日本有之今乃見於中國 年為可喜 價元二百文鈔較於 賜

拓本又 尊藏金鈔板之前曾蒙（其一紙） 賜拓本 今擬不得請益

拓寄 年為感荷 正倉院牙尺前在滬時曾托某君製餘杭而還 了未就 今乙（已成廿一）

（此事中令始知之）

五月間矣 前數日中託大陸銀行匯上集林書價二百元 不知此款匯到（計前）否 大箋

即候

侍祺不一

弟維頓首

五月二日

穀孫仁世兄閣下：前日接手書並賜標本，敬謝敬謝。
尊公生辰記是是月廿，詩久不作，無以能佳，前日已作一文，約七百餘
字，已屬人王識就高麗箋作一小卷，或界朱絲闌，擬用小字書
之。此事想即可辦就，即寫識，即寄，當可及。廿七前寄到尤前
年尊公八都，華瑞英第，拙著兩浙古刊本考二冊，交與孟劬
致孟劬。來書云未收到，此係浙江通志雜識一門中稿，近由閱
金甸丞存外大略，弟與孟劬、陶拙存等未曾交卷，此稿以來
交與孟劬，請檢出徑送金甸丞處（金住周夢坡家），不必由孟劬轉

交也貴神請校　趨庭時一詢之并　象承為感　尊
藏諸本中有一最短之天冊天花伎不知數宋代前物未疑是
宋人所造周天地冊[素]即係
趨庭　弟維頓首　六月十日

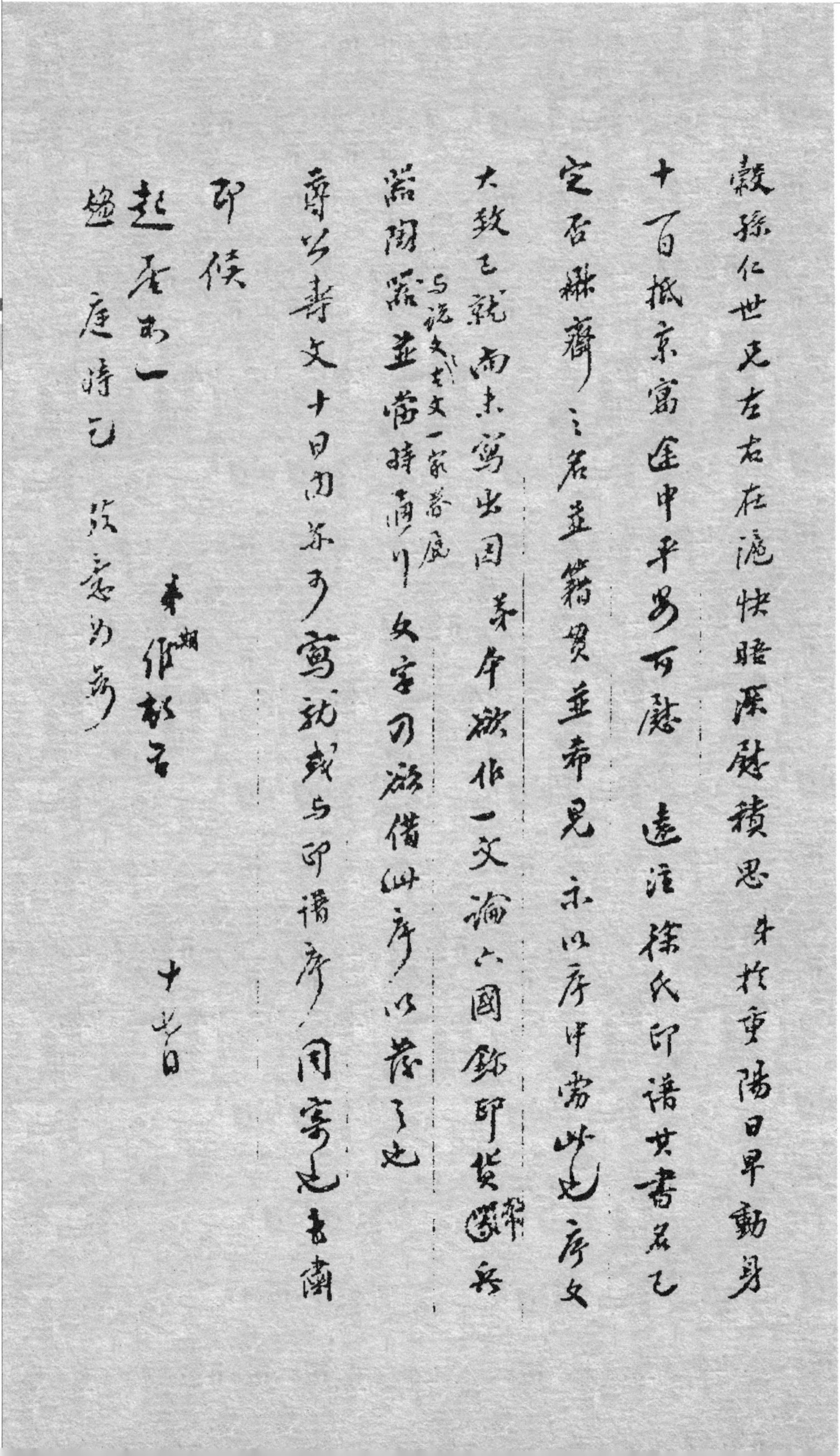

毂孫仁世兄左右：在滬快晤，深慰積思。弟於重陽日早動身，十日抵京寓，途中平安，可慰遠注。徐氏印譜其書名已定否？縢齋之名并藉貫并希見示，以序中需此也。序文大致已就，而未寫出。因弟年欲作一文論六國鉩印、貨幣、兵器、陶器並當時通行文字（与說文古文一家眷屬），乃欲借此序以發之。尊公壽文十日内當可寫就，或与印譜序同寄也。吉蘭

即候

起居不一

弟[illegible]叔言　十七日

[illegible]庭侍乞致意爲荷

叔蘊仁世兄左右：前寄一書想達

左右。印譜序已草就，茲將油印本寄上（因此文有關係，故付油印以供諸生參考），

文字尚有未長處，俟僕改定再將印譜名及徐君名加入

此序日時印因排印不可，又需手寫，又當另覓紙爲書，將來

仍望徐君以印本一部見賜也。原譜當寄滬或寄津，

請示及。前所示律琯拓本有相而望十丈且遠，安元

年正漢室鏤據之深似安擬爲此事，蓋贋品也。近方所

見所得者，曰：皇甫所藏漢牙尺，已得拓本；袁珏生所藏

嘉靖牙尺甚精，今以拓本奉寄，即請
查收。專此，即問
近祺，不一。
尊大人前請致 候。
弟國維拜言
廿六

前函寫就已近一月，本擬俟將
尊君壽序寫好同時寄上，而紙店界格處大錯誤，至前日始界就，
昨日寫成，此與印譜序（並附中國歷代尺度考一篇）同掛號寄上，請 察收。又前日此間研究院
學生有函致弟，欲以特價購買觀堂集林，其意在以四元之價購
買一部（共廿一人）（學生共四十餘人，其中有已購者，有不購者，故只致此廿一人），欲弟函商 尊處，弟不便拒絕，特為代達，乞示請
尊裁，以便告知（並乞爲覆）此輩。允許則覆函由弟寄書（並請處理），只此一次，後不為例，以免將來
廣版書冊即候
道祺

弟維頓首

二十日

穀孫仁世兄閣下：前奉

夏書數卷，一切清華研究院學生劉江廉價購擬當

集款承允。先許該生等，甚為忻感。新

將該書經寄清華學校研究院辦公室，即由該辦公室收（大約每二部作一包，每包郵費約二角，其費即於書價二元外另加）

款付，書款收齊後，並經由該處匯交尊處。特此奉

聞，即候

侍祉。不一。

弟 作新 頓首

十一月二日

敬孫仁世兄左右：頃接手書，敬承一是。前寄尊公壽序，係於十三日由郵寄上（以印刷物郵寄寄上），尊公函同日所發，不堪至今未到。此紙常而未裝，本欲摺疊封入函中，乃因另寄，竟至今未到，是為郵局遺失。今當持掛號單向郵局一查（尚未得覆），如竟失去，當另寫奉寄也。寫固竟屬不難，因精神氣味均不甚佳，可以置之耳。此壽序即俟

節禧

弟維頓首

初七日

此書因大雨閣置篋中，因今日接兄牋并發之首

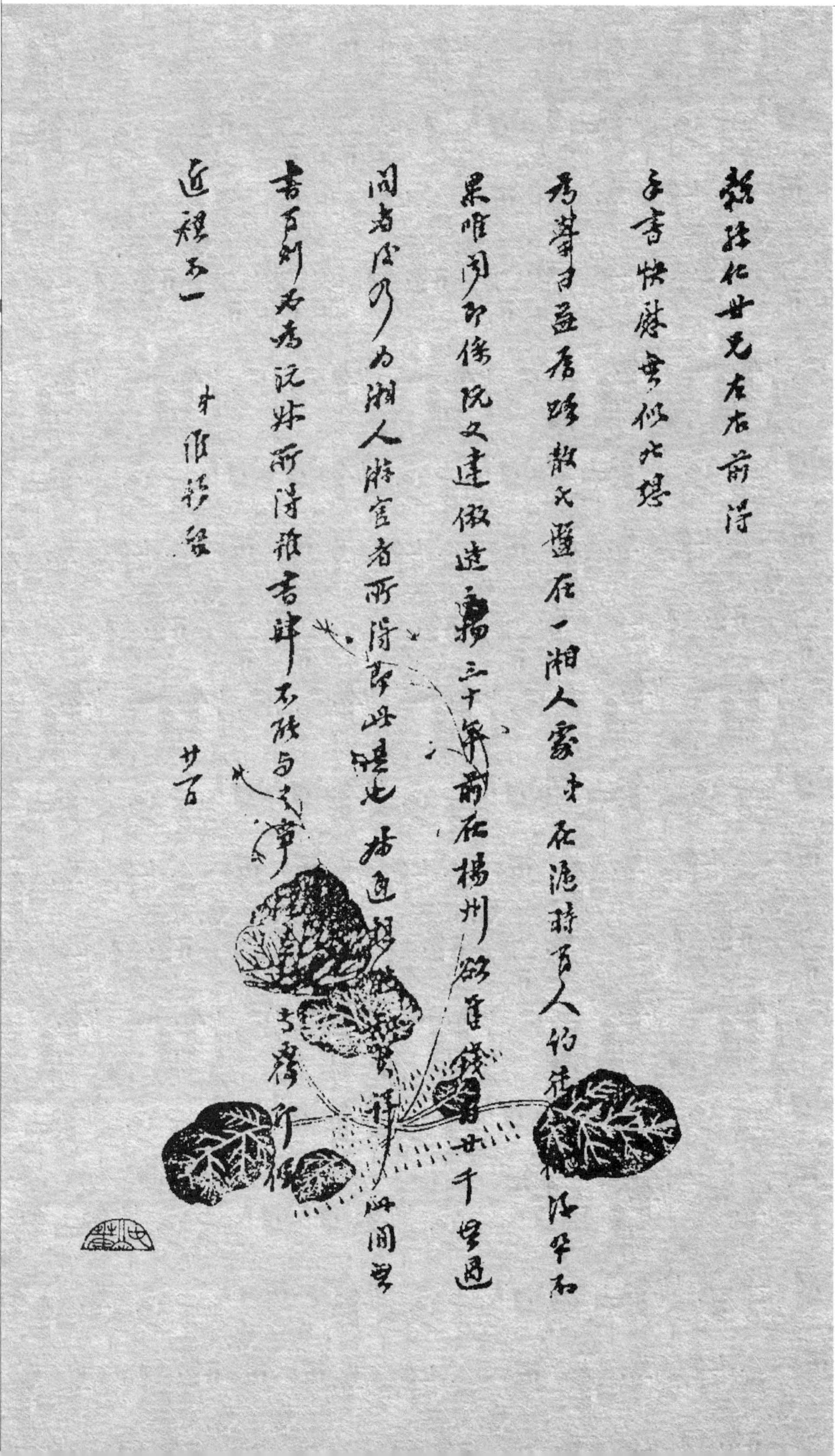

榖孙仁世兄左右：前得
手书，快慰无似。大堪
为华自益看跋，散氏盘在一湘人家，其在沪时有人约往[illegible]评，卒不
果。唯闻阮印係阮文达仿造，前三十年前在扬州欲售钱若廿千，无过
问者，后乃为湘人游宦者所得，即此盘也。据直翁言须两周学
书可刻石，为阮斋所得，张书肆不能与文章
近祺不一

廿日

昨晚接孟劬函知今日為
嶽降之辰擬作海日樓歌為壽已得起結而中間未成恐
午後奉祝時尚不得脫稿耳　正之明人無款王堂壽意圖其
幅式索然
鑒家所賞前歲得之又林博士昨贈論語年譜二冊中有嘉本
葉片似可觀覽謹以為壽伏乞
哂收是禱敬請
乙庵先生大人頤安
　　　　　　　　國維再拜

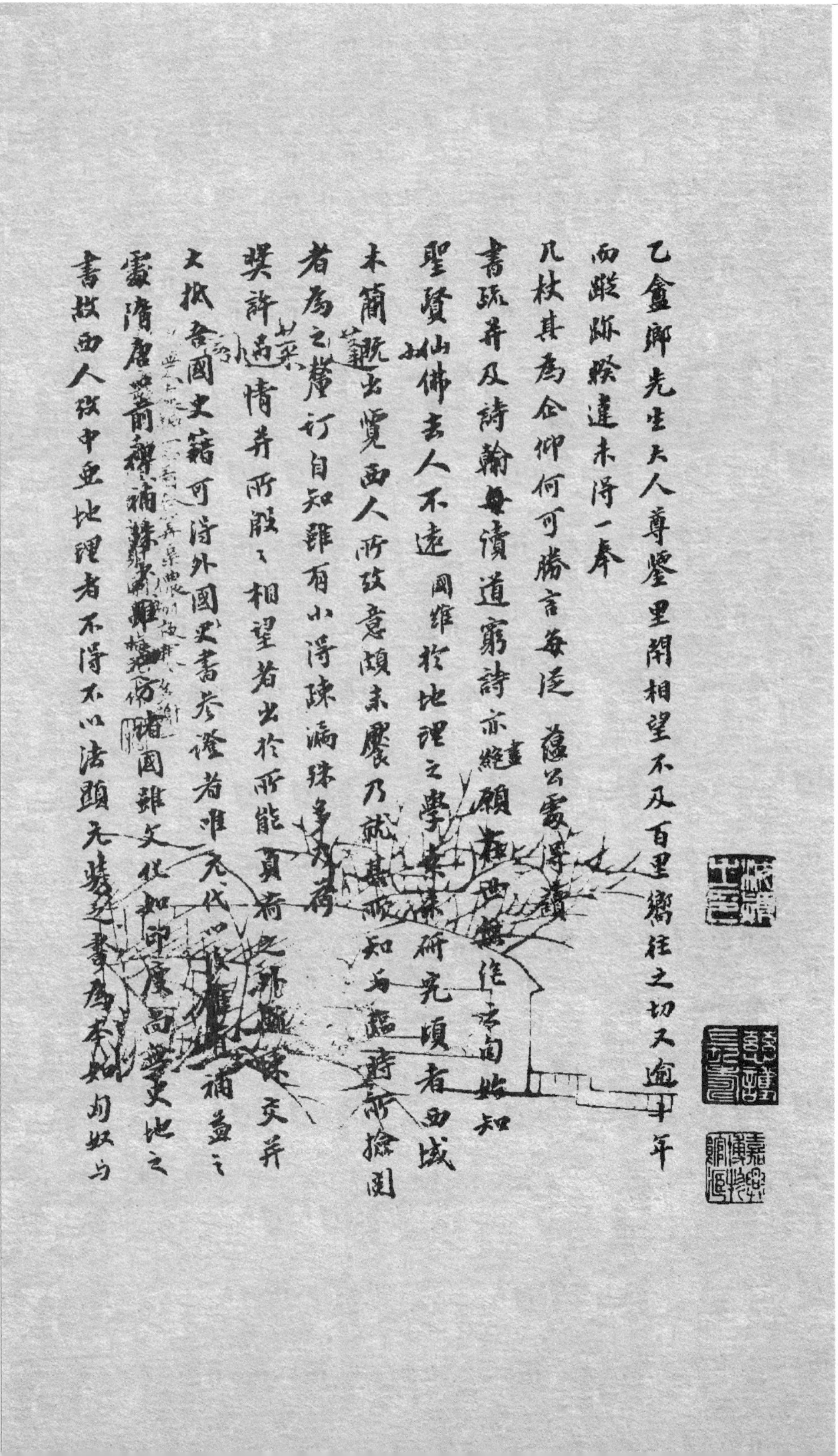

乙盦鄉先生大人尊鑒：里閈相望，不及百里，嚮往之切，又逾十年，
而蹤跡睽違，未得一奉
几杖，其為企仰，何可勝言。每從蘊公處得讀
書疏，并及詩翰，每讀道窮詩亦絕[illegible]，顧[illegible]始知
聖賢仙佛去人不遠。國維於地理之學，素未研究，頃者西域
木簡既出，覽西人所攷，意頗未饜，乃就其所知，為臨時所撿閱
者為之釐訂，自知雖有小得，疏漏殊多，又為
[illegible]許之情并所敢，相望若出於所能負荷，[illegible]交并
大抵吾國史籍可得外國史書參證者，惟元代[illegible]補益之
處，[illegible]前[illegible]諸國雖文[illegible]如印度[illegible]史地之
書，故西人攷中亞地理者不得不以法顯、元奘之書為本，如[illegible]與

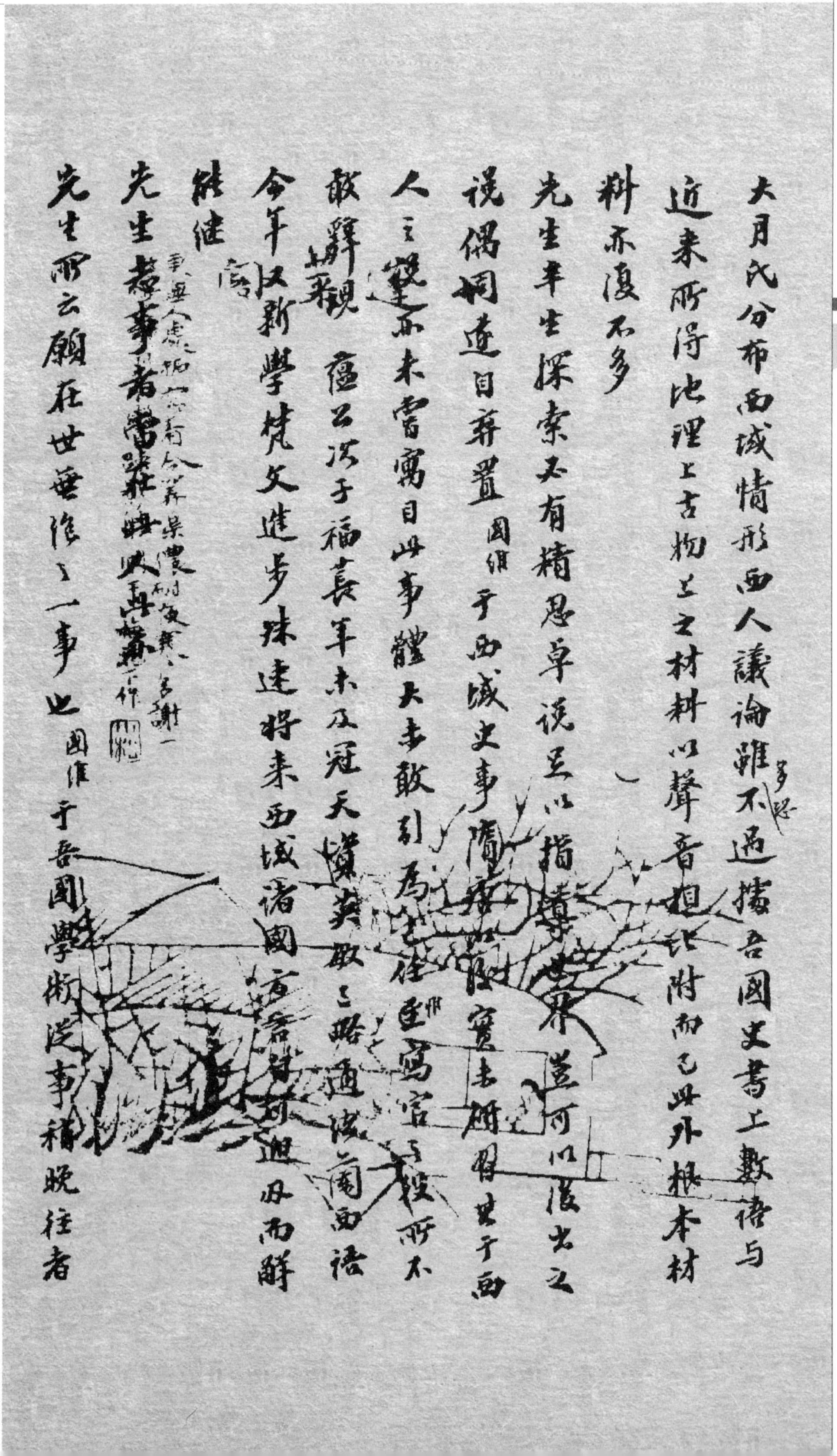
大月氏分布西域情形西人議論雖不過據吾國史書上數語与
近來所得地理上古物上之材料以聲音相比附而已此外根本材
料亦復不多
先生半生探索必有精思卓識足以指導世界 豈可以後出之
說偶同遂自棄置 國維于西域史事[illegible]實未研習其于西
人之說[illegible]亦未嘗寓目此事體大未敢剖為[illegible]官之[illegible]所不
敢辭 蘊公[illegible]于福長年未及冠天資英敏之路通法蘭西語
今年以新學梵文進步殊速將來西域諸國古[illegible]而辭
綏健
[illegible]
先生著事者[illegible]
先生所云願在世無復之一事也 國維于吾國學術從事稍晚往者

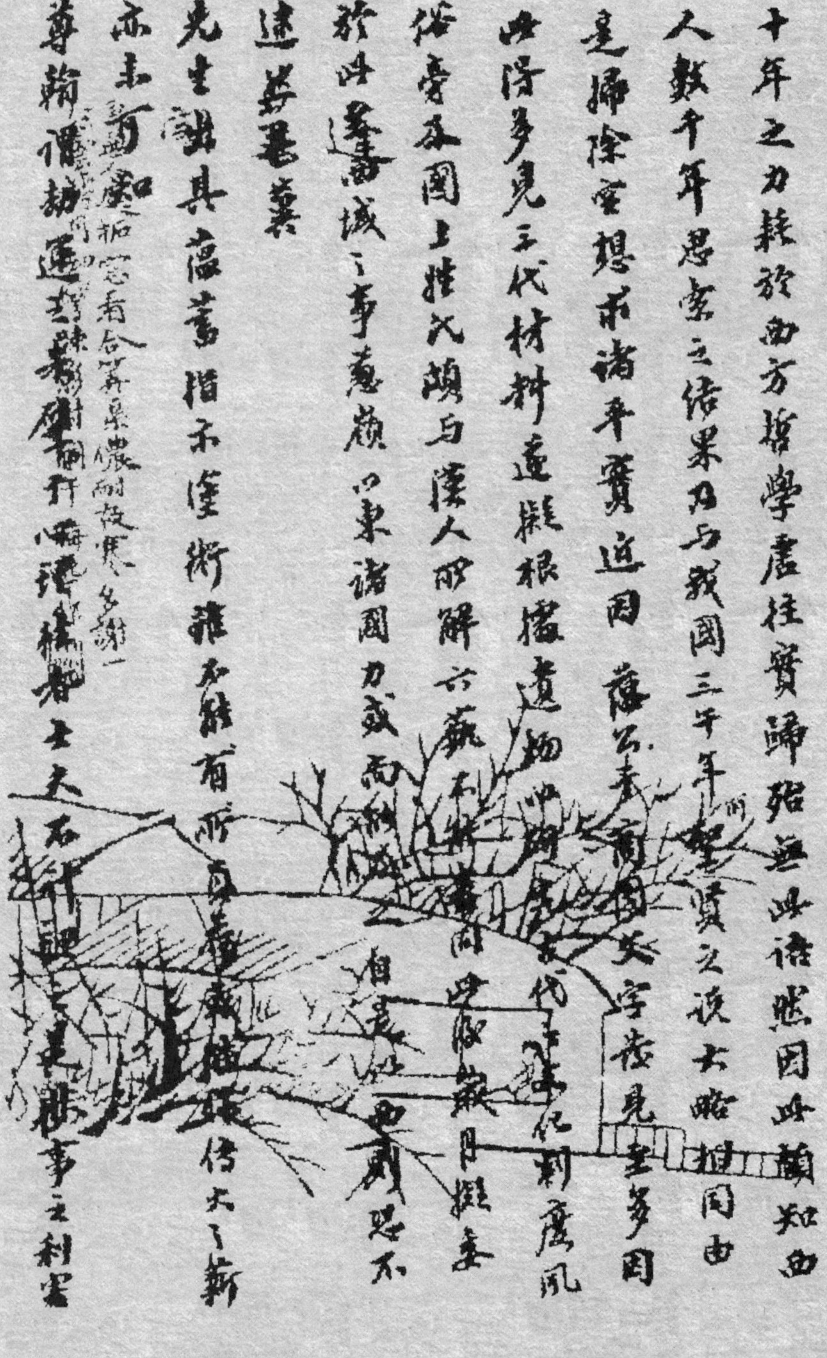
十年之力耗於西方哲學盧梭實歸糟粕無此語然因此頗知西
人數千年思索之結果乃與我國三千年前聖賢之談大略相同由
是歸依宗想於諸平實道因蒙公素有同光字發見甚多因
此得多見三代材料遠疑根據遺物[illegible]刹廬風
俗受本國上推以頗與漢人所解六藝不[illegible]且擬奉
於此遂盡誠之事意願以東諸國力或而[illegible]是不
遠甚愚意
先生識具淵書指示途術雖不能有所[illegible]倍大之新
而未有知[illegible]
尊翰[illegible]士大夫[illegible]事之利害

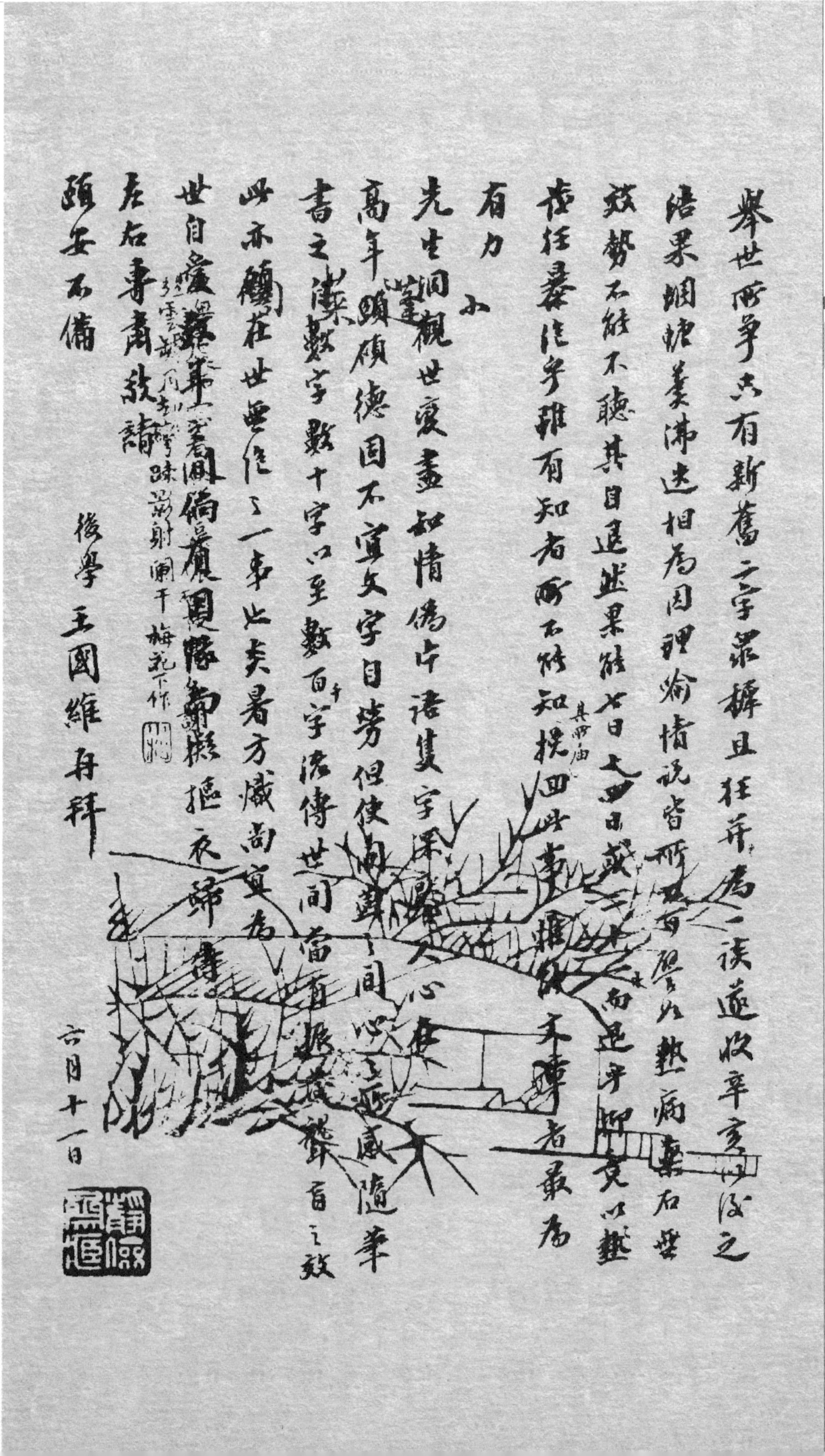

舉世所爭者有新舊二字衆譁且狂并為一談遂啟辛亥以後之

結果姻婭羨沸迭相為因理喻情說皆所不習此熱病藥石無

效勢不能不聽其自退此果雖七日[illegible]而退乎又以整

旋任蠡測乎雖有知者所不能知攬四海事權衡其輕重者最為

有力

先生洞觀世變盡知情偽昨讀集字聯心原感隨筆

高年頤碩德固不宜文字自勞但使兩間心

書之法數字數十字以至數百字流傳世間當有振聾發聵之效

此亦觀在世無多之一事也矣暑方熾尚宜為

世自愛傳

左右壽

頤安不備

後學王國維再拜

六月十一日

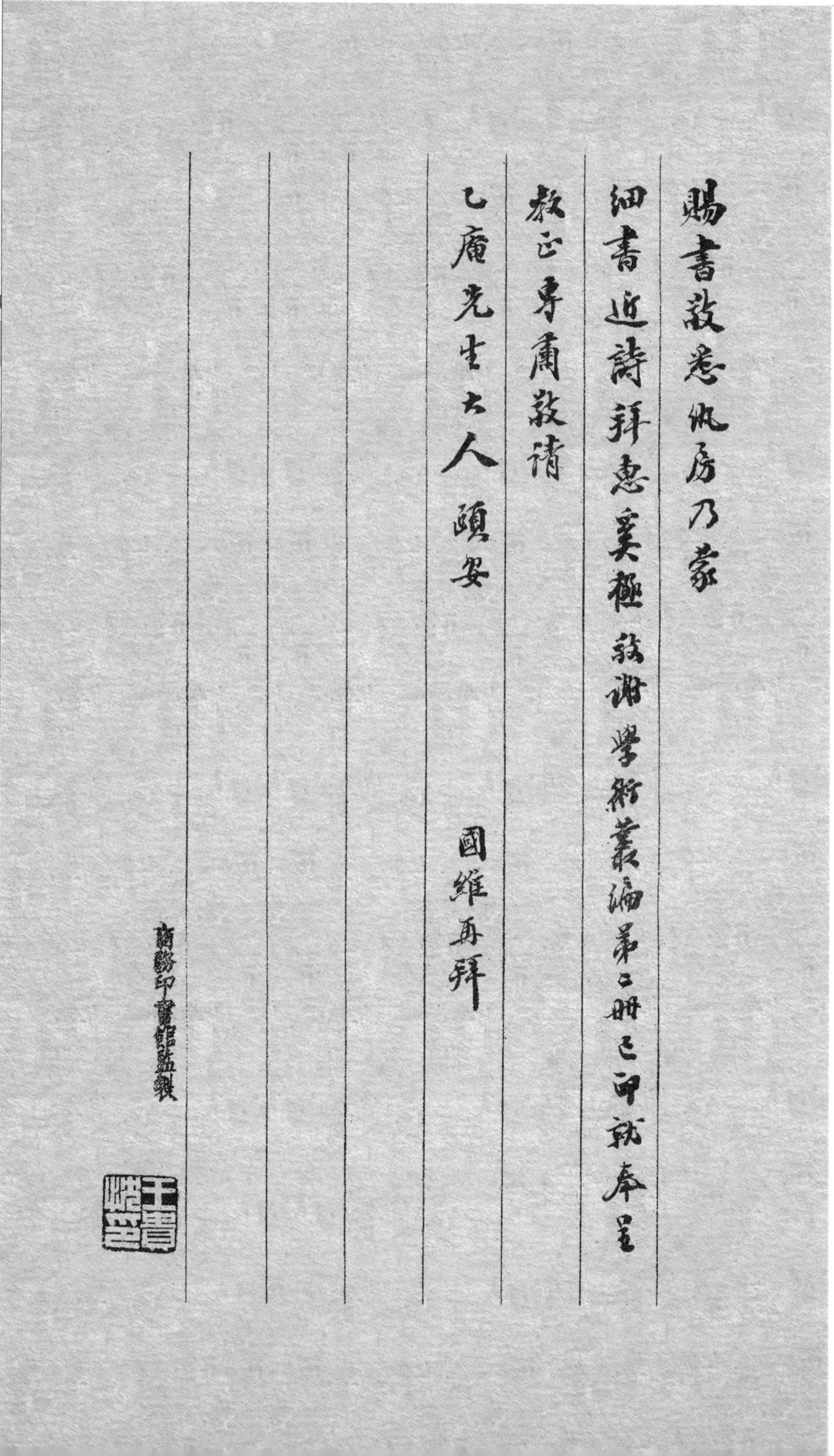
賜書敬悉虬房乃蒙
細書近詩拜惠奚極 敬謝 學術叢編第二册已印就奉呈
教正專肅敬請
乙庵先生大人 頤安
國維再拜
商務印書館監製

八月炎蒸三伏雨今年顛倒作寒温人喧古渡潮平岸燈暗出
坊月到門迥野蟪蛄多切響高樓鳥雀有遊魂眼前凡楚存
亡意待與蒙莊子細論

秋夜即事奉酬

乙庵先生見贈之作敬求　削正

國維再拜

頃接

賜書敬悉

尊恙已痊至為欣慰 新元史目及本紀西域諸王傳等十册奉上

請

檢入前日寄還所示某君一信并呈專肅敬請

東軒先生大人頤安 國維再拜

霍初先生有道：前日奉
手教，敬承一切。頃由郵局遞到　朱桂老贈　弟新刊
營造法式一部。此書自宋以後久絕開板，今得此精刊精印，
令人不復貴宋刊矣。附錄數卷尤有功於此學。辱承遠
賜，感荷殊深。晤　桂老時祈　代達謝意，並致拳拳。論
敦煌書目，俟陳君寅恪入都當詳詢奉告。專肅，敬候
起居不宣。　弟王國維頓首　七月卅日

致神田喜一郎

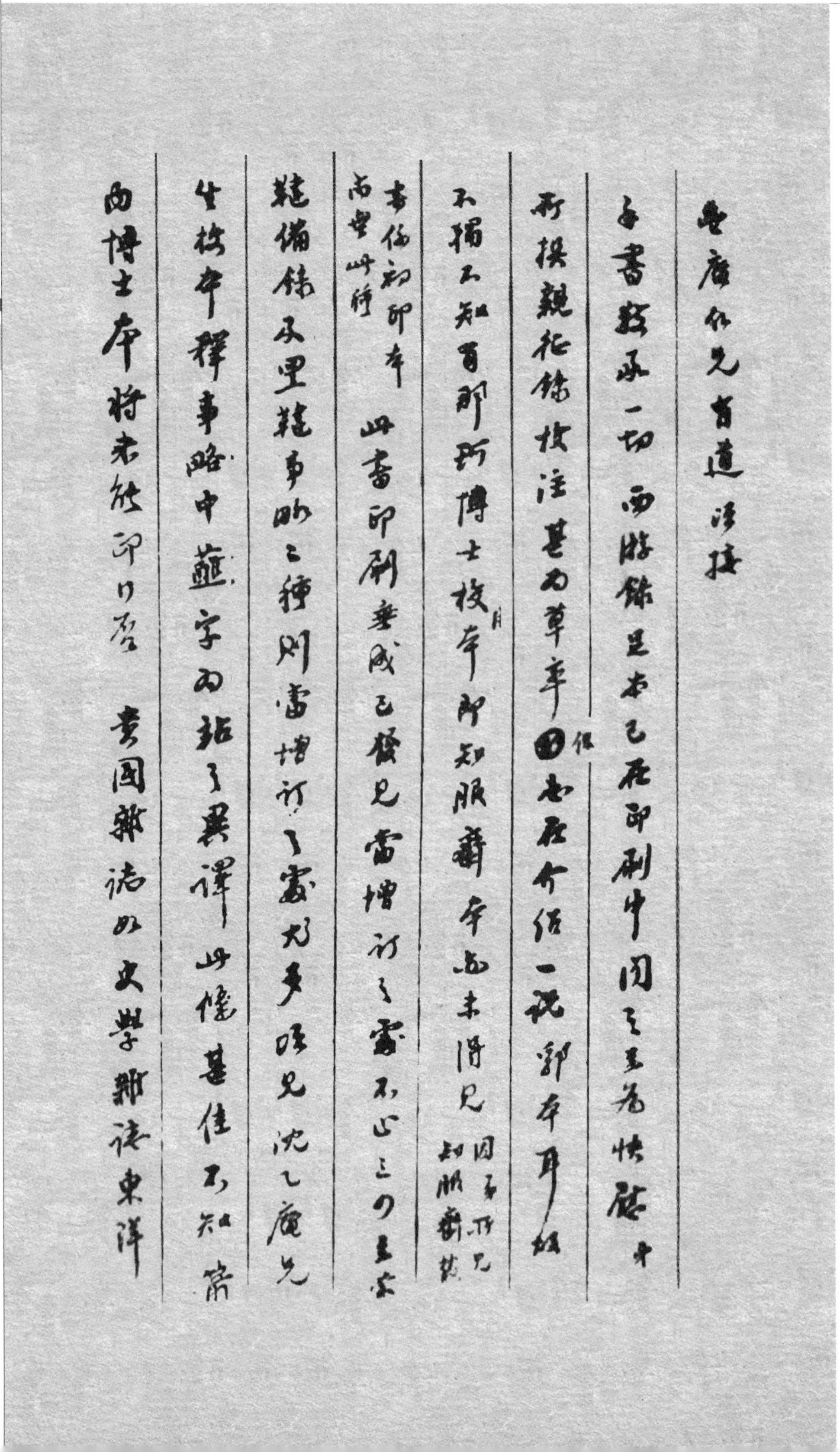

鬯盦仁兄有道：昨接
手書，敬承一切。西遊錄足本已在印刷中，聞之至為快慰。中
所撰親征錄校注甚為草率，因所據者僅一說郛本耳，
不獨不知有那珂博士校本，即知服齋本亦未得見（因弟所見知服齋叢
書係初印本，尚無此種）。此書印刷垂成，已發見當增訂之處不止三四，至
蒙韃備錄及黑韃事略二種，則當增訂之處尤多。昨見沈乙庵先
生校本，釋事略中蘸字為站之異譯，此條甚佳，不知當
西博士本將來能印行否。貴國雜誌如史學雜誌、東洋

學報現在若多設法購一全分否亦有全分則無需價若干

祈示 便中見示 雪堂先生在津 弟於六月中見過

意興不如前日 每時背話痛頭聾之病 積不能忘也 紀罕之紀

是只有常種偏旁從北從也從此者亦作紀

亦或作紀 此紀字亦釋是紀之別體 見於集韻 則紀紀或又紀之省歟

此事不敢遽定 姑以字體說奉商耳 即候

起居不一

弟王國維頓首

八月初旬

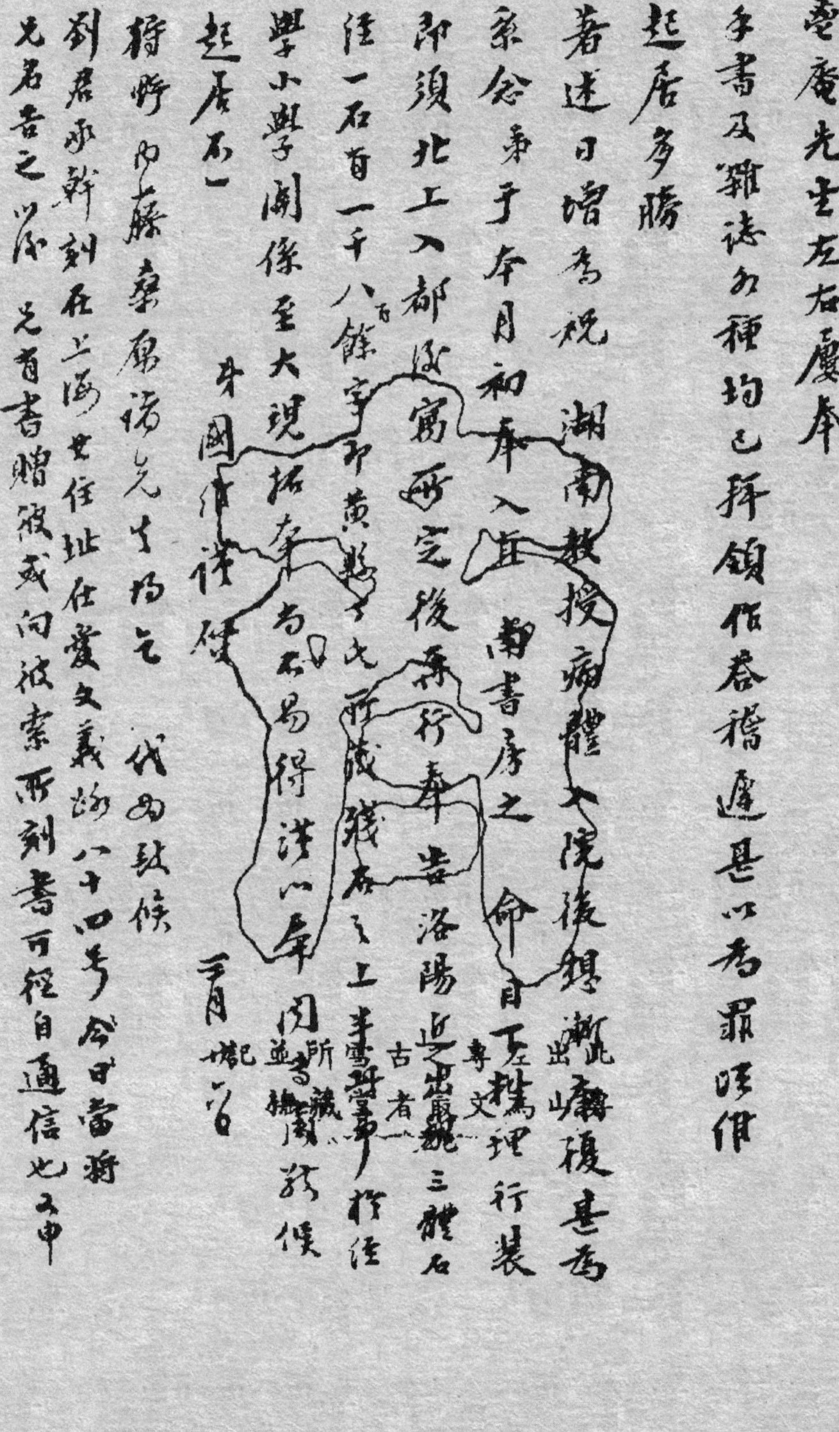

鬯盦先生左右：屢奉
手書及雜誌各種，均已拜領，作答稽遲，甚以為罪。比維
起居多勝，
著述日增為祝。湖南教授病體大佳，後想出山，稍復，甚為
系念。弟于本月初奉入直南書房之命，自下月起將理行裝，
即須北上入都，俟寓所定後再行奉告。洛陽近出魏三體石
經一石，有一千八百餘字，即黃縣丁氏所藏殘石之上半，雪堂有拓，經
學小學關係至大，現拓本尚不易得，請以年內所識並書檢奉候
起居不一
弟國維頓首 二月 日
再啟者，內藤湖南先生均乞代為致候。
劉君承幹刻在上海，其住址在愛文義路八十四號，今日當將
先君書之以前先有書贈彼，或向彼索所刻書，可徑自通信也。又申

君山先生有道前日奉
手教并 竹添先生毛詩會箋首冊敬悉一切又審
先生近抱鼓盆之戚殊深悵歎十別四五年師友皆入老境
而作亦至中年死生聚散之感往往有之 君撝遺書除四王
吳惲一書近尚有出板否其所藏王子安集壹神論等皆
不可不傳之書想 先生与 湖南諸公當有為之料理世界
新潮澒洞澎湃恐遂至天傾地折然西方數百年功利之說弊
非是不足掃蕩東方道德政治或將大行於天下此不足爲淺

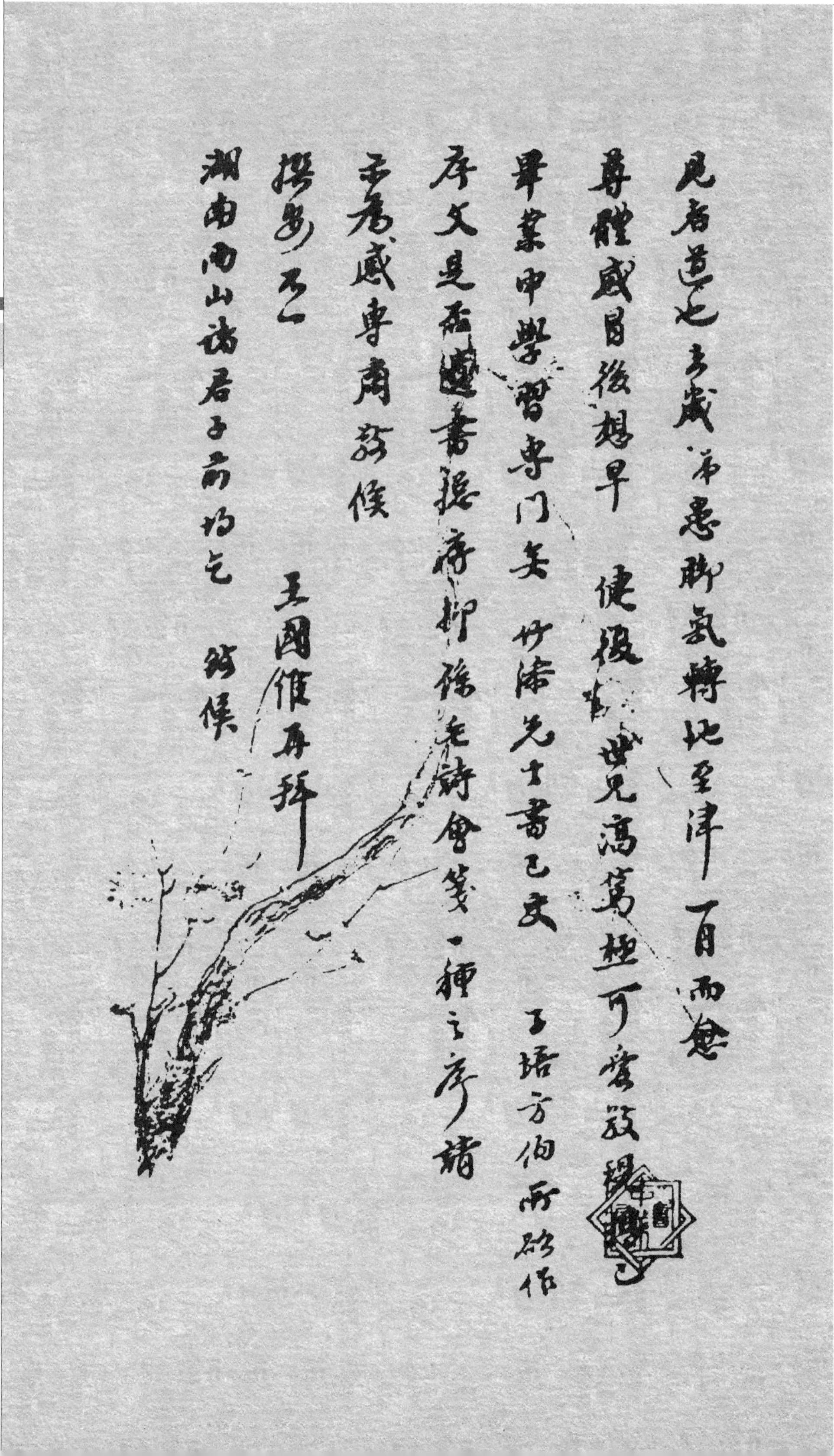
見告道之多歲，弟患腳氣，轉地至津，一百而愈。
尊體感冒後想早 健復，世兄高篤，極可賀[illegible]
畢業中學，習專門矣。竹添先生書已交王晉方伯所屬作
序文，是否遞書？擬序柳蓀先詩會箋一種之序，請
示爲感。專肅，敬候
撰安。不一
王國維再拜
湖南、雨山諸君子前均乞 致候

湖南先生有道：違

教數載，企仰奚似。春間聞

貴體違和，極深馳系。後聞　快愈，又極所慰。歷次

惠贈書籍，頃又承　賜　大著寶左盦文及十二長物影片，伏讀一

過，如親接對。先生大著作多以　貴邦文字書之，若能將種要者譯成

漢文，都為一集，尤所跂禱也。[illegible]博士出示　尊撰詞及新鄭所

出銅器銘文，此器作年百[illegible]見，尚[illegible]及鄙作一跋錄呈

教正。上海友人蔣君孟蘋為作印[illegible]方錯成，[illegible]以一部

奉呈

台教。又一新寄　狩野先生家來及作函請[illegible]為[illegible]好　鄭

尊體康復，甚盼。如　君山先生再作西游，如庚戌年故事，得想不難副所　文

望也。專肅敬候

起居不盡。　國維再拜　十二月廿五日

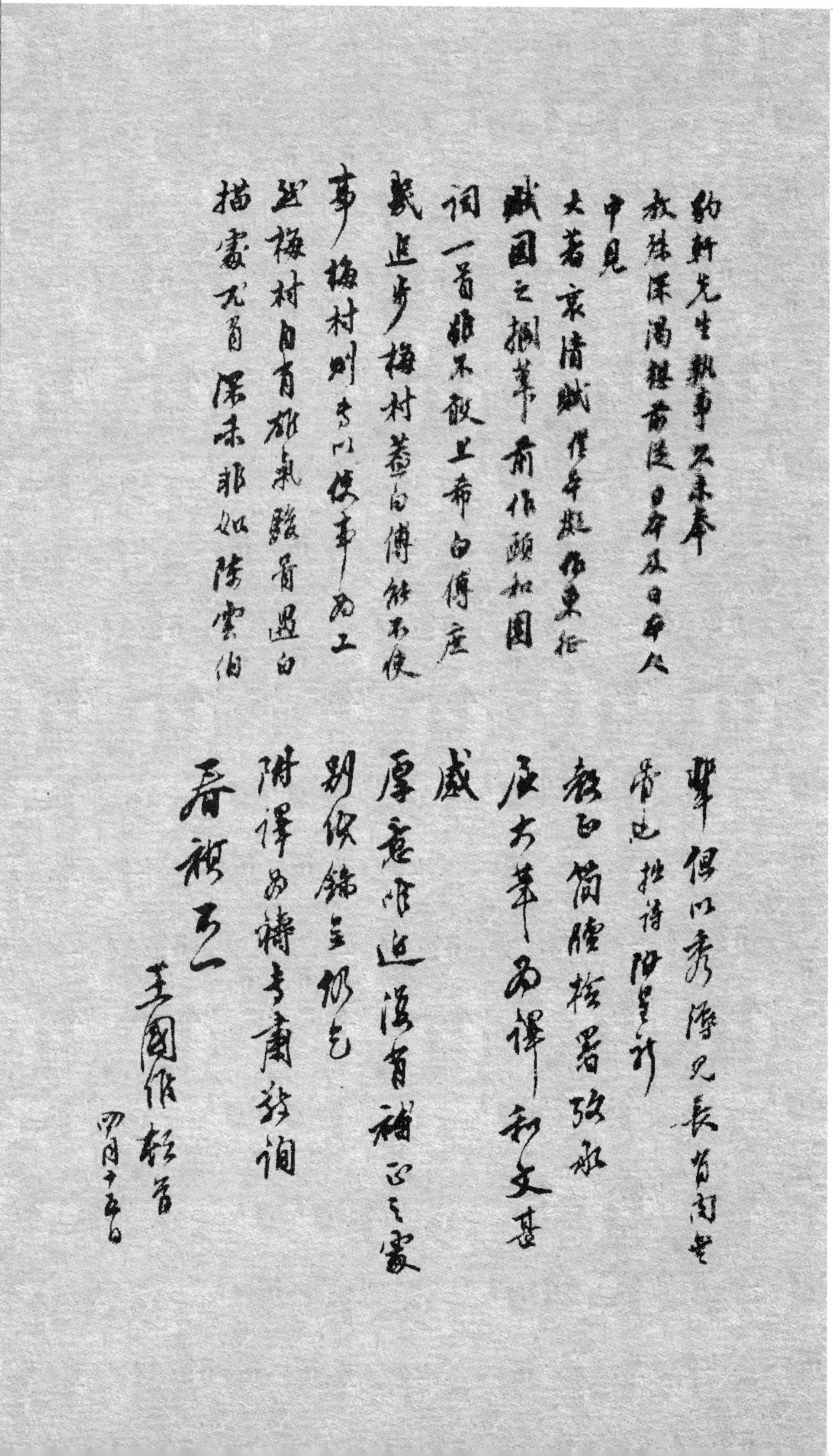

豹轩先生执事：久未奉
教，殊深渴想。前从日本及日本人
中见
大著《哀清赋》（作年拟作东征
赋）、《国之枫叶》。前作《颐和园
词》一首，虽不敢上希白傅，庶
几追步梅村。盖白傅能不使
事，梅村则专以使事为工。
然梅村自有雄气骏骨，遇白
描处尤有深味，非如陈云伯
辈但以秀缛见长，有肉无骨也。
前述拙诗附呈乞
教正。简牍搁置致疏
承大笔为译和文，甚
感
厚意。惟近复有补正之处，
别纸录呈，乞
附译为祷。专肃，敬询
起居。不一

王国维顿首
四月十五日

叔平先生有道：昨月張君嘉甫見訪，交到
手書并大學脩金二百元，閱之無甚惶悚。前者大學屢次相招，皆以事
羈，未能趨赴。今年又蒙以研究科導師見要，自惟淺劣，本不敢應命，
惟懼重拂　諸公雅意，又私心以為此名譽職，故敢函允，不謂大學
雅意又予以束脩。竊以尋常職中又在都外，絲毫不能有
所貢獻，無事而食，深所不安。況大學又在仰屋，諸事諸公尚不能
無所望，遂以何勞敢貪此賜，故已將脩金託張君帶還，伏祈
代繳，並請以鄙意達當事諸公，實為至幸。大學所得內閣檔籍，就
所整理者已得聞其大略，雖非舉之物，不能盡舉。其大學所得一部
其正在整理者第一等材料，殆亦一二處。某書所云庫之日本
正倉院所藏舊印目於東瀛珠光中，此書久已絕版，恨沈諸老
藏有一部，弟前曾一觀，其中唐尺有三四種，其一為牙尺，其他皆以寶石

銅之花紋形色均極精美，照出並相或摹寫均甚善策，故不去摹得
尊書擬但未一談陰圖之人莫摹其尺寸數易知力度可報
命前丁輔之索拓 尊處見銀鹿所出之未見墨者即係雪堂之物
如係易，易是非雪堂物而易得者，請 賜一拓，本圜爰爵 鄭君亦拓出
頌君靜剛均望見過之，二君處此轉入有學者氣，文敏鄉佳士也。至此希
候該詢
起居。名正

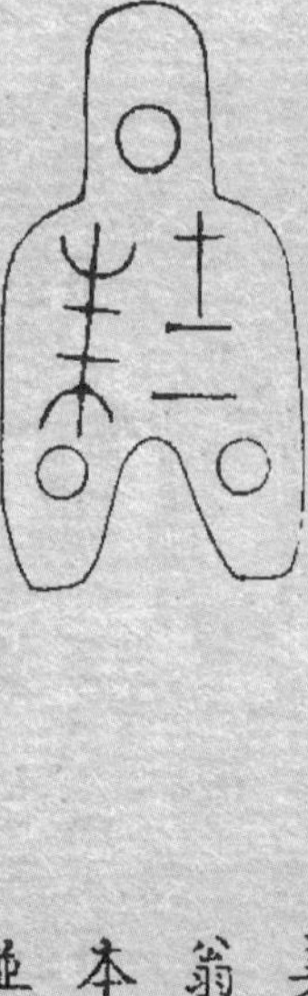

今國作形者

六月初九日

鄉十二朱今歸美國雪翁據墨本手撫並記

叔平先生有道：前日張嘉甫携交
手書並大學脩二百元。諸公詞意殷拳，敢不暫存，惟受之滋愧耳。
秦公敦拓本拜嘉。向聞此敦出於甘肅，頗疑此乃德公徙雍以後之器，
何以出於隴右，殊不以估人之言為信。今觀器中鑿款首為西字，西為
秦漢隴西縣名（即秦本紀之西垂、西犬邱，在今秦州西南百二十里），
為文公以前秦之故都（秦自非子至文公，陵廟皆在西垂），此器本為宗廟
乃徙雍以後作以奉西垂陵廟者，至改曰奉敦，是此款亦秦時所鑿，
非漢款也。蓋上鑿款第一字最為可識，今審謂西字但不全耳。
培老處之東瀛珠光已借得，其中有唐尺六，計紅牙撥鏤尺二、綠牙撥
鏤尺二、白牙尺二，皆彼邦天平勝寶八年東大寺獻物帳中之物，今皆在奈
良正倉院。其中紅牙尺一、綠牙尺一均與前所作之開元官尺（以建初尺代建武尺所作者）
及開元通寶錢尺正同，餘四尺略短，其雕刻繪畫絕精，當
是唐極盛時之作，非彼土所能為，謂之唐尺似為無誤。現已託人先摹長短
尋影其花紋，以便摹造。中有前者唐尺即隋尺之說，因此益得證明矣。

若能將隋志之十五尺九造一分亦快事也研究科有章程者研究之若干
人其研究事項聽由諸生自行認定兼於經小學及秦漢以上事我所知者或能略
備諸生顧問至平生所學事項力有未暇者兩首數種甚冀有人為之
異日當寫出以備採擇耳國學季刊稿文才有五代監本殘一篇錄出
奉寄函面收到寫就後當同寄上另復敘條
起居不一
王國維頓首
七月首

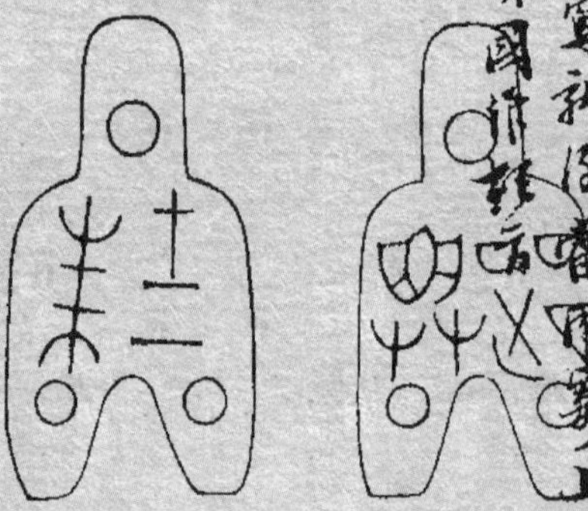

圓足幣文曰郢與十二朱今歸美國雪翁據墨本手撫並記

雄平先生有道：手書敬悉。一切魏石經（此乃拓本）呈補，豈遂及信公大石者以

中所知僅得八面，而逸先不不兩兩石乃与大石相先後，合之僅得十耳。不知

兄所獻陵此二石柳齋計之也已。歲康有八種，昭是後魏之物，左右二行均在

一處。想其入土必在此刹既廢之後，故前左府西收入內，但人室出大同，

當猜是高祖遷洛時所遺，至孝莊赴晉陽恐未必携此物耳。惜

西佑人處寄奇一覽，相命亦不可得事。兄於得其文已為幸矣。夏間曾

事作長春真人西游記注并耶律文正年譜，雖具大略，然為未能定稿也。

專此，敬頌起居不一。　弟國維頓首　廿六夕

叔平先生有道前辱
手書猥以俗冗久稽裁答甚以為歉敬維
起居多勝定如遙頌 來書述及大學函授之約 孟劬南來亦
轉述 令兄雅意惟近體稍孱而滬事又復煩瑣是以一時尚
得暇晷俟南方諸家書畫整妥(成)再北上趨酬 諸君雅意耳
(同指秦中舊人)
頃有一事足告 又陳君華陽王君[illegible]濟言及克鍾克鼎出土
之地乃在寶雞縣相對之渭河南岸又其南即古散(大)關而克鼎
與散盤地理大有關係可(知)散氏盤出土之處與[illegible]不遠[illegible]可知

散氏之散即後世之大散關矣。水經注渭水篇大散關之南有周道谷，而散氏盤亦有周道一地，從此見散之器可著手研究，此殆先所極〔樂〕聞者也。近病目二十餘日，尚未全愈，歲事崢嶸，餘俟再陳，專肅，敬候
起居。
弟維頓首　小除夕
寄兄　抑遲先生前均此

龍俊和監製

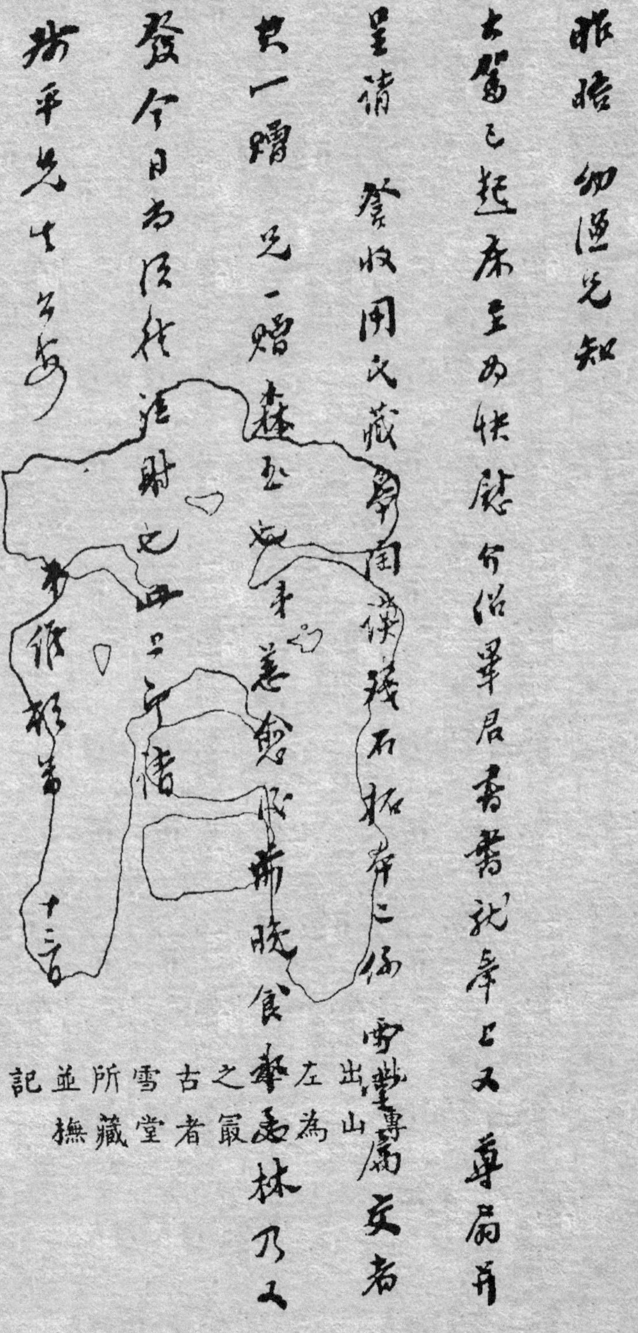

雅語 仰遲兄知
大駕已起床至為快慰前借畢居舊書拿已又 尊扇并
呈請 鑒收周氏藏學閣漢殘石拓本之佈 雲專屬交者
共一贈 兄一贈 森玉兄處未善愈收希晚食奉尹林乃又
發今日為往徒注財之四日中情
叔平先生公安
弟 衡頓首
十二日
出山左為之最古者雪堂所藏並撫記

手教敬悉。魏石經未剔前拓本二幅收到，題識不
難於長而難於短，恐污裝軸，如何如何。弟之魏石經
仍擬稍緩付裝也。先生過富華時請代言及，則
弟隨時可交付也。專覆，即候
叔平先生起居
弟維頓首 初四日

前日聞
先小極不知何病甚以爲念頃讀
手教知係足部腫痛患者可愈石經拓本謝謝前
所
示兩經小石乃在鄉飲酒禮之末段始終存之矣[illegible]
公主徒當來奉手書已愈并聞此意謹請
梓平先生痊安

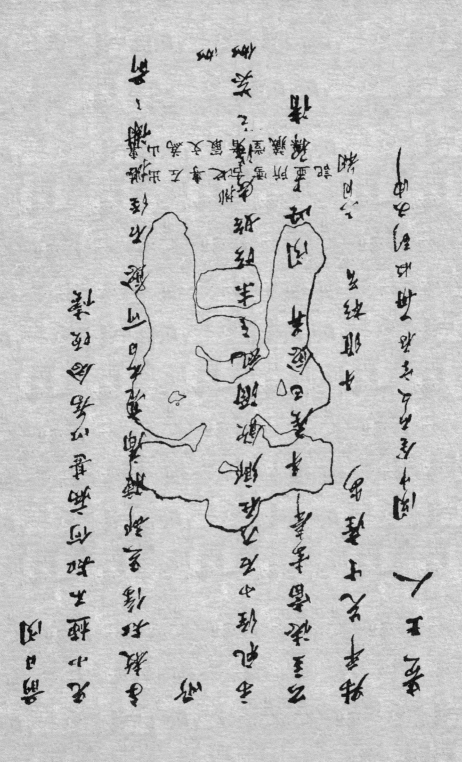

弟維頓首　六月朔

貴上人

閩中金石文字存冊收到[illegible]申

出山左為專文之最古者雪堂所藏並摹記

炳平先生有道：非復一書，想達左右。今日復將尊賜石經拓本

細將檢核，知可補大石之十片，弟與兄所計各異，弟所計若尚書

尚有二片，一為君奭第五六兩行之惟（惟人）家（在家 不知）二字，一為第末二行之若（若下茲）

殷嗣（有殷嗣天滅喪）三字（此三字已在大石與丁氏小石之間），而春秋中兄重豪之民習二字弟不

能發見其所在。民字兄意係何字之半？請示，為感。肯於尊古

見一已折句兵，上有且乙且己且丁三名，與且文兄三戈同（形製亦同），云自陝西來，

真不可解也。專此即問

起居不一

弟維頓首 初七日

致马衡

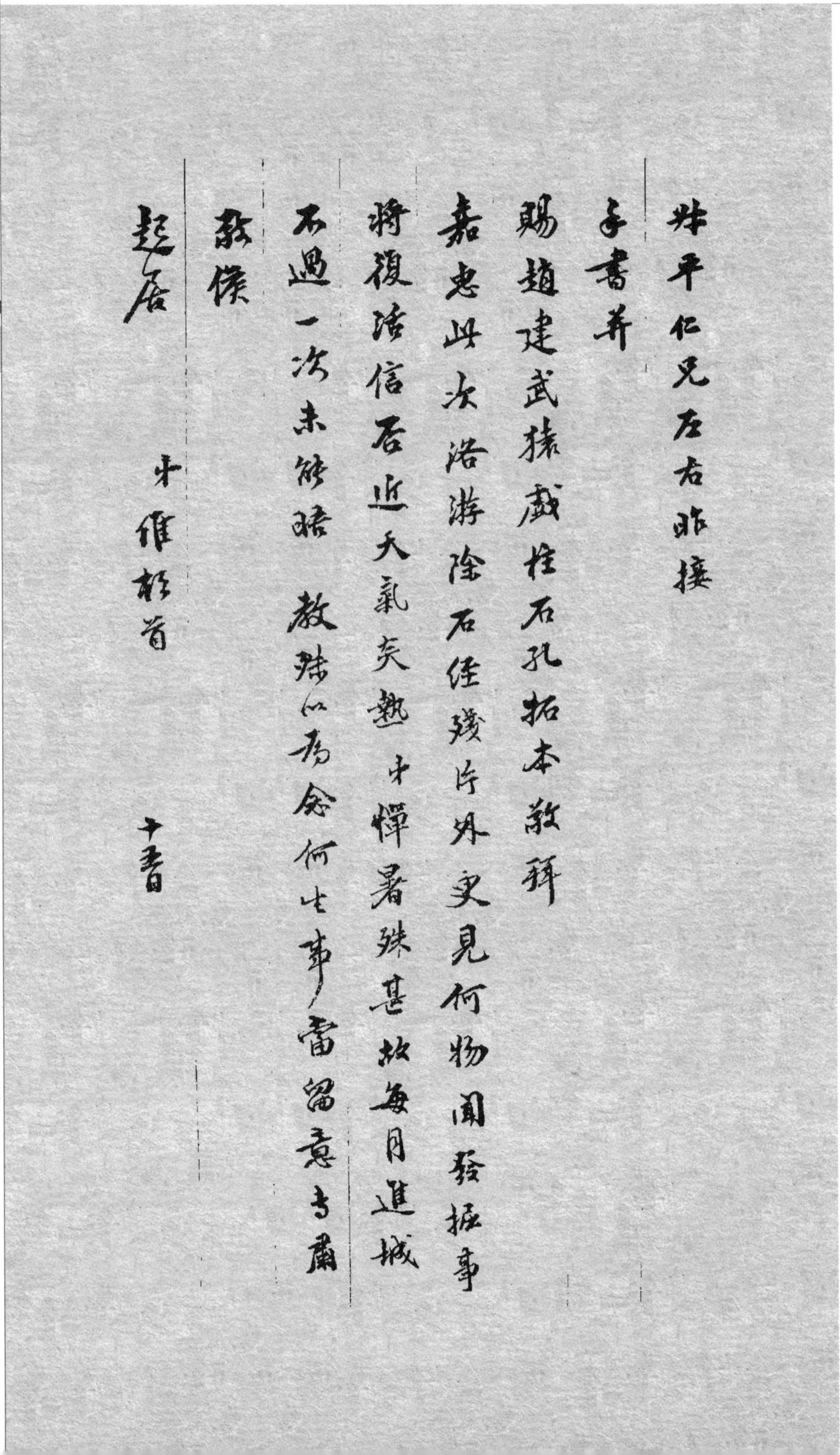
叔平仁兄左右：昨接
手書并
賜趙建武猿戲柱石孔拓本，敬拜
嘉惠。此次洛游，除石經殘字外，更見何物？聞發掘事
將復活，信否？近天氣炎熱，弟憚暑殊甚，故每月進城
不過一次，未能聆　教，殊以爲念。何也事當留意专齋
教候
起居　弟維頓首　十晝

前奉寄一書想達
左右 石經殘石已由天津便人帶到 雪堂處轉致
台端 請
莅取為荷 水經注(明抄)跋又增入抄本勝處一則 請(共三紙附上)
轉致 逷先先並請其 飭人將原書取去 因弟將逷
先住址忘却 故請 轉達 專此 敬候
貽芬先生起居 弟維頓首 廿一日

叔平先生有道昨何生士驥到校携來所
賜漢魏石經殘石拓本共近七十種百朋之錫何以加之敬謝敬謝
詢之何生知兄前返京並未再赴雒陽想發掘事尚未有成議
此次所得殘石至六七十片之多可謂大觀然非兄親往恐亦不能運至
此也漢石經中只一塊有陽字及弼字者乃小雅采薇出車一二篇之
（魏石經中仍爲有尚書無逸殘字不止此命一石尚需細核）
文弟僅閱一過僅能知此想兄處已考出之小字隸書究係何物
兄已考出否乞示肅鳴謝敬請
撰安
弟國維頓首 廿六日

林平先生有道頃得
手書敬審一切前日何君士驥來具悉
大駕在滬曾患傷寒此次還京尚未復原此病之後調理
甚為重要仍請
節勞為荷 亡兒之病中西之醫並有貽誤亦不能專咎西醫即
病者自身亦攝法錯亂據之運數如此實可謂（說）也 本月星期六曾
至歷史學會演講一次睹福開森始知
兄已北歸但時晚未及奉訪此次北歸係為此一次巡城

也。前講稿數篇另寄呈（內印講一篇，擬兄將此並此文交東方圖〔書館〕，滿此問題甚重要。弟意石經古文或竟不往由印出，否則當時通行文字，此說當可成立，願與同人共討論。）

教。他日入城，再行奉訪。兄體新愈，不可遠涉也。专覆，敬候

起居不一

弟維頓首

廿七日

叔平先生左右頃接 手書敬悉一切 嘉量做造事費
神無既又承 大箋臨寫銘詞精雅絕倫但摩挲易損墨迹或
上加薄漆一層以如不知另有他法保護否前日清華研究院
有一函致謝想達 左右矣不識鄣一石其末一字如何確定為先字
則為君奭之文無疑因春秋無鄣字而尚書尤字亦惟君奭呂刑
兩見故也又先閱彙印新出石經至佳中之釋文擬交 希白帶
奉供燕京開學如 希白未必即來此也 希白前在其所撰文字學
見示甚有條貫中有數處意見稍異求其所歸則 希白以六國時

之陶器、鉨印、貨幣、兵器文字為另一體，文字（謂先生四前亦有此意見）不與當時通行文字相

同。弟意明以此為即當時之通行文字（體），中（古文）亦共一類，後世之北朝

盛行俗體，戰國東土東方文字亦有此事（現象），故對六國用古文，秦

用籀文之假說，似不能放棄。此事於文字學關係甚大，不知

公之意見何如？專覆即問

起居不一

弟作頓首　初五

附呈目（碑）一紙，係有人求售清華（其中並無甚佳拓）研究院者，弟不知時價（值），請鑒定核

一過（如何），須作（何）折扣乃不吃虧，祈示及，費神至感。又申

若天棐忱　　不我

曰時我　　我鄭　口

冏閔　遹遺

第四字是否光字請細審之，若是光字則此為君奭無疑

細思此或係君奭鄭之為鄭，因無不可，兹棐之為不實，為巨異，自王懷祖、孫仲容以前絕無以棐訓匪者。若古文原作不，則馬、鄭、偽孔必已如王、孫二氏訓棐為匪矣。此甚不可解也。

國維又申

叔平先生有道：顷奉

手书，敬悉一切。尊著甚精备，除墨庄漫录一条外，绝无可以相补益者。今日

偶翻三字石经拓本，见有飨或作𠕋字，乃嵇中散之享国及作其即位之文。又见

遐厥二字，乃出所遗，及自是厥后之文。此二石不知

先已检出否，敬以奉

闻。拙著观堂集林此间已无藏本，富晋书社闻尚能存白纸数部，曾函垂兹

寄京，至今未到，当缘其处境不顺，故无心及此耳。专此奉复，敬候

起居

弟维顿首

十一日

昨奉
手書敬悉一切石經目錄附呈
但就手所有拓本編入，故錄目石本未列入
書閱書齋即候
叔平先生起居　弟國維頓首
通所見蒙古初期史料，乃知南宋人僞造許多書籍以紀蒙
記等皆宋人所造也。通首所見李濟之自山西回得石器陶器
等數十箱，已運至此，其詳尚未聞也。

叔平先生有道：

昨接手書，敬悉一切。此次講演本無新得，祇以此題翻譯頗易（因聽者係西人，既多不知此等人又省不知中國學問故也），因其簡單，故因講此。新得材料惟蔣氏、唐氏與袁氏嘉靖尺（弟擬日昨往借之），至說尺度增長之原因，弟前已屢說過，不足以屬玉匙之非。先生日前來函擬將借袁氏弟尺文（弟需三紙，以便他日仿製），先可以一拓，並可精量尺寸，拓畢即由弟經還袁珏生先生（弟擬以選此題者亦欲因此以努力借此尺也），以了此一段因緣。元尺蓋已不可得，明尺雖有寶鈔，竟未見實物。（研究院章程當即寄上）袁氏尺不問其是否官尺，總是一好史材料也。專此敬請

撰安

弟 維 頓首

十六日

叔平先生侍史頃接

手書敬悉一切東魏尺度特長蓋因調絹之故北齊史崔暹傳稱天保調

絹以七丈為匹可以參證　拙著中國歷代之尺度一篇寄上請

教正　此來之期尚須月底左右再返即頌

起居　弟維頓首　廿七日

叔平先生有道：昨承

遠道枉駕，暢談半日，深慰積懷。又賜傚製銅斛尺，請於陰歷

十七日（陽歷廿六）晨飭人（於前一日送往爲佳）送至東四頭條去平燕京華文學校馮友蘭

先生交，索收條來。是日九十時間在該校講演，題目爲中國歷

代之尺度也。是日本擬在城小留，歸途校有車接送，故不能

相晤談矣。銅斛及諸尺標本，乞飭工代製一分，需先付款

若干，請見告。費神感荷，專此敬頌

起居

弟維鈞首

初九日

丹平先生有道：久未通問，比維

起居佳勝為頌。前借摹唐尺景本，因畫工需滯，歷四月之久，僅摹

得紅牙撥鏤尺一，而原書係沈語老物，經老仙捉迫，不得不亟還其書，乃

改用照相法，初次照出不准，後乃準的，可以照片製銅板，補前出入

兩摩今與原尺等。俟製就，即當將印本寄上。前歲此準之照片先

行寄上，汲古閣附記原物為寸，可觀其製作之大矣。又學季刊，請告知

見寄為感。手肅，敬問

起居。不一。

弟 國維頓首 十日

左為之最古者，雪堂所藏，並撫記

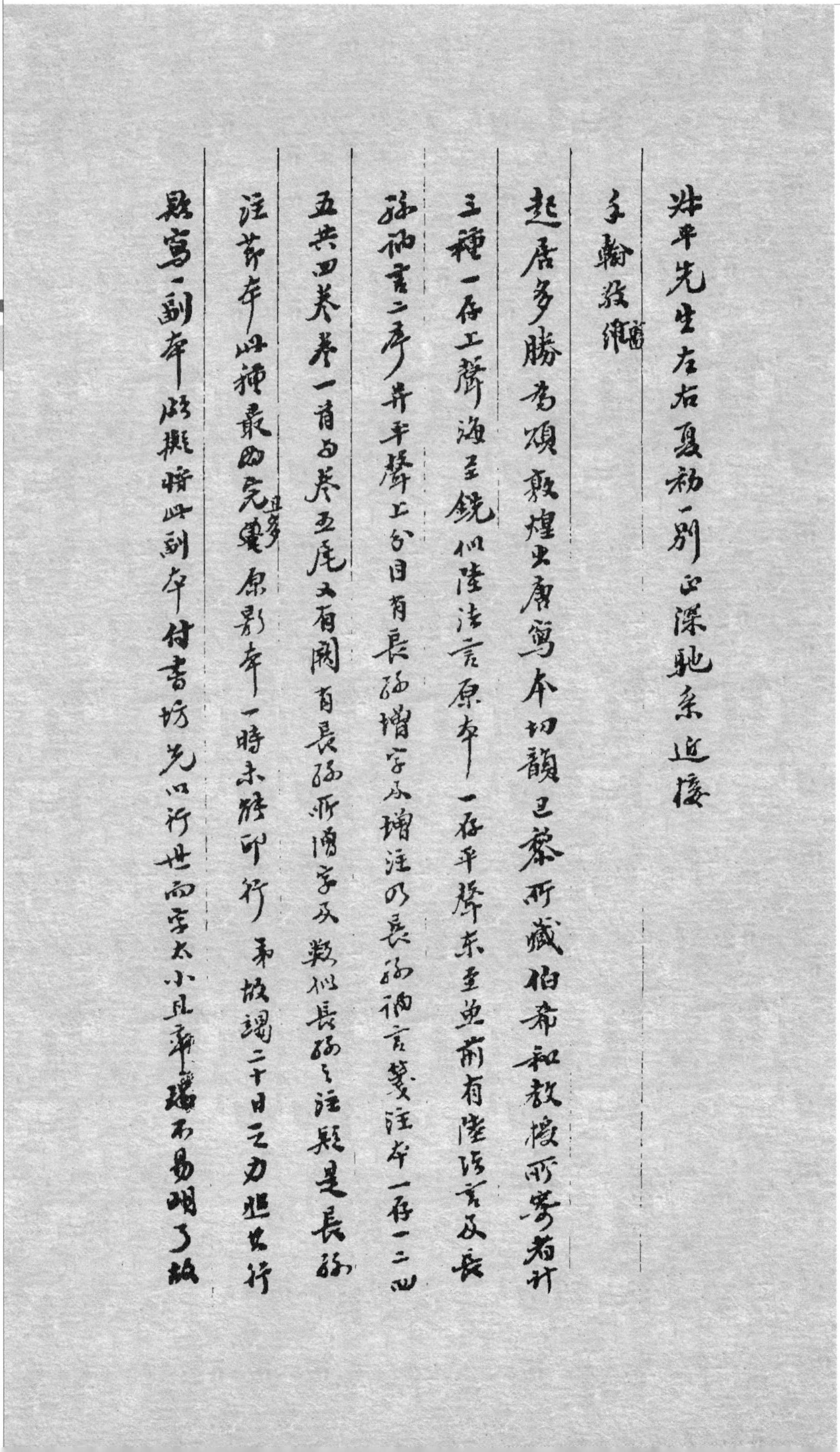
叔平先生左右：夏初一別，正深馳系，近接
手翰，敬維
起居多勝為頌。敦煌出唐寫本切韻，巴黎所藏伯希和教授所寄者計
三種：一存上聲海至銑，似陸法言原本；一存平聲東至魚，前有陸法言及長
孫訥言二序，并平聲上聲目，有長孫增字及增注，乃長孫訥言箋注本；一存一二四
五共四卷，卷一首有卷五尾，又有闕，有長孫所增字及數，似長孫箋注，疑是長孫
注節本。此種最為完(且多)，原影本一時未能印行，弟故竭二十日之力照其行
款寫一副本，茲擬將此副本付書坊先以行世，而字太小且草率，不易明了，故

而与书坊交涉（原本须先校毕），又思作一校记，其篇幅太钜，须增于原书数倍，而近又鲜暇，
故亦尚未着手。尊处觅人录副，然此间写官亦不易觅，俟与书坊商议
设印与否，再行奉闻。其分部次第尚可窥见，其次第略如唐韵，而平声无
移谆桓戈四部，上声准（缓果三部）无，入声无术曷二部，亦见此书在之蒋斧所撰
声韵段剖小半矣。前疑切韵次第必如唐韵，而以整齐画一之功归之李
舟，今乃得见陆氏原书（次第），诚为大幸。近日学术界首新发见之书，专此奉复，敬请
撰安

弟维再拜 初六

幼渔先生前乞代致候

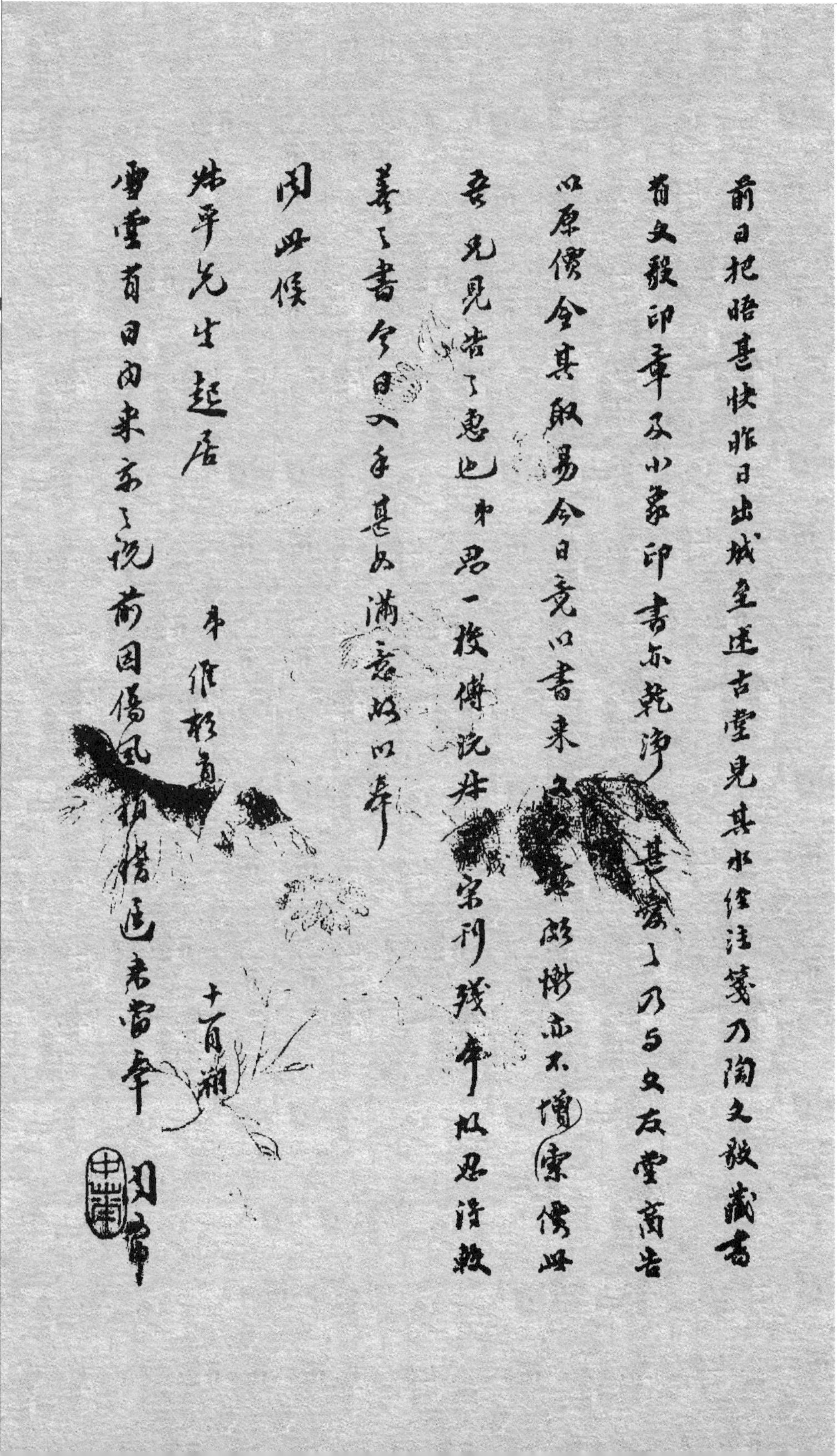

前日把晤甚快昨日出城至述古堂見其水經注箋乃陶文毅藏書
有文毅印章及小篆印書亦乾淨甚矣乃與文友堂商告
以原價全其取易今日竟以書來[illegible]甚欲惜亦不[illegible]索價此
吾兄見告之惠也中君一校傳說殊宋刊殘本似恐請教
善之書今日入手甚為滿意故以奉
聞此候
叔平先生起居
弟[illegible]作揖首 十月[illegible]日
雪堂有日內來京之說荷因偶感風[illegible]僧[illegible]未當奉

鶴年先生左右：昨日暢談，欣快奚似。並歆

珍着饋之。今日接到研究所所惠拓本全份，請代謝兼士

兄。地圖已閱，寶公云在養心殿內，係唐藍地圖，則更有價值，

唯係直幅，或書冊本，非志問及，似係大幅也（據云摹印亦易，似是知之），精滿洲文字之

文之人，現姑留之，將來如需用時，乃托寶公代為介紹。請告

兼士兄及令兄與爾致候

起居不一。 弟維頓首 十月朔

非该王帙石经事已与雪堂言及，渠日内或须反津一行，可自携来京，否则由他便一星期后亦可携来，谨以奉闻。又委员会检查南书房时，查有如意四柄、朝冠、披肩、朝裙各一件，闻宫中亦多有之，闻被封存在十余座，约为一宫诸令中检交太监朱义方为感。专此敬请

叔平先生礼安

弟王国维顿首　十七日

叔平先生有鑒：奉
手教，祈若裾對並寄。
壯遊三韓，甚爲羨歎。漆器照片弟未之見，彼處由内藤
君轉寄，則必付諸浮沉矣。内藤君性疏懶，甚於弟，不肯作書。其春間擬
贈府古蹟調查報告，弟亦僅在津見之。金冠塚報告，其
中頗精，想必贈弟之本，而竟未見（寄贈北大者亦未到，甚用），不知是否亦託
内藤轉寄。兄到後，將藤田君（小囊）想當一閱（賈附寄）之。弟自鄭
居後退職，極希進城，時亦即以當日往返，故從未有往

城了事下次进城当专奉访长谈 但以先期奉

闻也 森玉何时可归 候其归后一叙 请如以告此致

候

起居不一　　康维顿首　　十七日

舟平先生左右：昨歸自津，於接
手書，知台從已自都歸，無窮一切，所廿外在備取超正
取諸人，必有一二人不到者，用後來者亮補，此次考試均用
糊名法，因清華風母留學校試，而應者甚多，競爭甚烈，故采用
此法，故中如弦取人名單，亦俟數日後同乎一日也。弟自移居
以是職甚忙，即進職亦皆晨入暮出，故久未奉書。謂欲此入
城，如有空，期當出聞，於某處相見，亦當約。森玉兄書茲附候
起居。不一。　弟維頓首　廿三日

致马衡

前日奉访不值为怅 所谈一节以目下情形观之
实不能行 特先知照 雪堂一书转上 乞
察收 作复面缴 专此即候
叔平先生起居 半农顿首 十九日

上海锦云堂制

叔平先生左右：經旬不見，甚念。雪堂有函件致（吉玉拓本百份，紙係贈研究所者，又還仿製銅器十彩）

兄，本擬奉訪，而以電話詢尊寓二次，知近日甚忙，未知何日

能閒，祈

示及，或以電話通知為荷。近日作散盤考釋，比前所考（者）略有進

步。又排比魏石經行款，知尊藏第一石竟是皋陶謨（以五采）

彰施于五色及退古以言之文，每字右旁一筆乃是古字末筆，此

三字皆在行末，以行款定之，則無可疑。而五采作五介，乃與鄭孔二本

均殊，直是聞所未聞。鄭君以未用之目解采色二字，說似不通，然究

未免支離。魏石作五介，蓋謂采色次序，如攷工記所載繢次編次，

是明彰施二字始有著落。又將漢石經殘字寫定一遍，亦頗有殊見，見

時當持呈觀之。專肅，敬候

起居不一

弟維頓首

廿三日

叔平先生有道：昨接

手書，到適外出，未能奉答，甚歉。集林二部想已收到（五部六元），

尊付之款尚餘三元，俟有便奉還。雪堂已來京，但寓

[illegible]處亦此奉復，敬候

起居不一。

弟 國維 首 重陽日

叔平先生左右：前日接手教并石經尚書春秋殘石十種，至謝至謝。前所未數者，即公復取如二石也。虎符時代別無標準可以定其，只可由出土之地定之。若出大同，當是後魏物；若出平陽，當是劉聰、劉曜物耳。中秋州之行，想須展緩。何日肯寄來新鄭大器新剔出之字，共每行中可識者不過二三字，其文乃類徐器，不可解也。兄已見之否？今年夏間為長春真人西游記作注，又作耶律文正年譜，均未定稿。元史素未留意，乃作小學生一次，亦有味也。專此即請秋安，不一。

弟國維再拜 初十日

叔平先生有道：手書敬悉。切韻得大什資印，行將流傳數百本，以代鈔胥，滬上諸公出地分得一冊，甚感雅意也。左驍衛府貴中郎將府符，恐不可信。因隋室諱忠，故官名除去中字，或改為內。唐則諱虎，不改用魚符，故此虎非隋唐之物，而隋以前又無驍衛之名，則此符疑是偽物也。昔賢曾以藏敦煌出土書之志，◎刻毘沙門天王象之年，借以寄，即乞審摹一紙，因函中不能多寄。拓露者有之，乞為覓致。敬請

撰安不一。

國維再拜 十七日

幼漁先生前均此不另

陳一鴻製

叔平先生有道：前日奉
書并嘉靖本《大赦詔》，敬謝敬謝。在《圖書季刊》中得讀
大著《書籍制度考》，甚佩甚佩。弟尚見敦煌所出唐末人寫經有旋風葉子本，
與西洋書裝式相同，其法先釘後寫，背裝線脫去，則書之次序全
不可尋。《墨莊漫錄》所記縫繢法即謂此種裝訂，非後來之線裝
書也。此段可以補入
大著。茲以奉
聞。專肅，敬候
起居。不一。
弟維頓首
初音

叔平先生有道：前日畅谈至快。昨奉

手教，疑癸亥父乙甗、鼎非安州所出，甚是。益复斋记忆之误也。

然则安州六器，著录于博古图中者，仅二南宫方鼎耳。雍公

缄鼎观其文字及文体（體），实是周器，十有三月云云，当是剧误。

商时止有十三月，周更无有十四月之理，殊从阙疑可耳。殷虚书

契前编卷一第三叶有十三D（三字）此D字是否十月二字合文，请（抑仍作十一月字） 示教。书此即

候 又卷二第一叶七月作十D，第四叶六月作介D，知D仍是月字，非十月二字合文，又甲

起居。 弟国维顿首

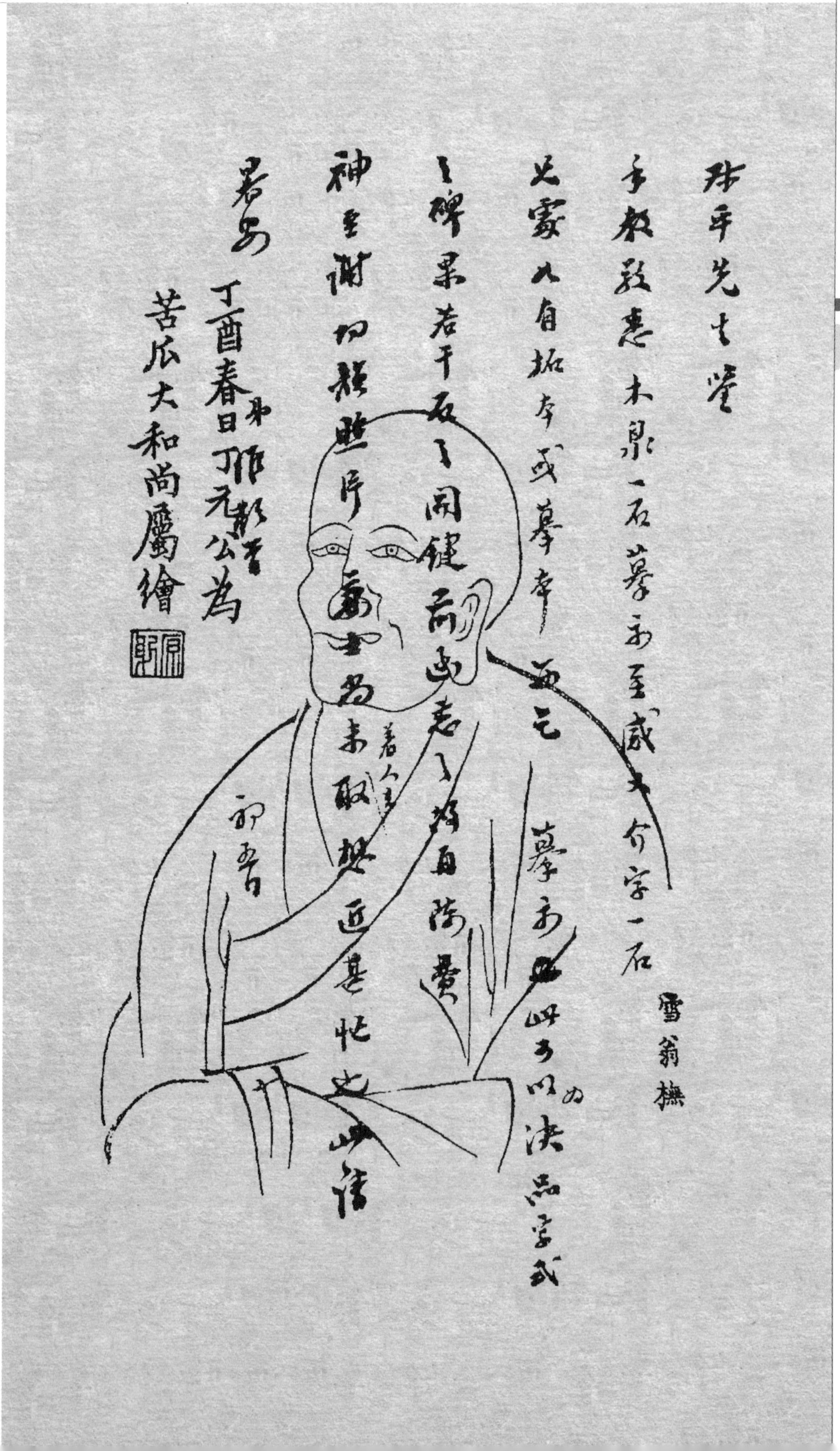
叔平先生鑒
手教敬悉。木泉一石摹本至感。大方字一石
見寄，又自拓本或摹本，無已。摹本如以決忌字式
之碑果若干段？又聞鍵爲西志，又將自滇費
神至謝。切韻輯[illegible]序，[illegible]當爲未取，想近甚忙也。此請
著安
雪翁撫
丁酉春日邗元超公爲
苦瓜大和尚屬繪

叔平先生台鉴：昨接

手书，敬悉一切。微製嘉量，者咸赞

神立，感。今遣人至尊处，祈交来人，其价十八元，

附上，乞检收转付为荷。不我鄦口一石尚未检得（不我二字）

絶非吾秋，而尚书又无鄦字，而尤字亦不多，容再思之。专肃，即

问

抽撰元代史料校注の册，乞即成附呈教正，乞察收为幸。

起居　　弟张继启

非誤甚快頃閱魏石經皋陶謨殘石拓本知皋陶謨與以後

諸石決非一人所書其所據尚書亦非一本如手字周書古文並

作夊而皋陶謨作□支字偏旁書與春秋並作夊而皋陶

謨作攴非所據之本向同則書人不同各以其所謂古著書

之也非在尊處所見未譬二字蓋字古篆二體似均從自下水

請摹示為感此上即請

坿平

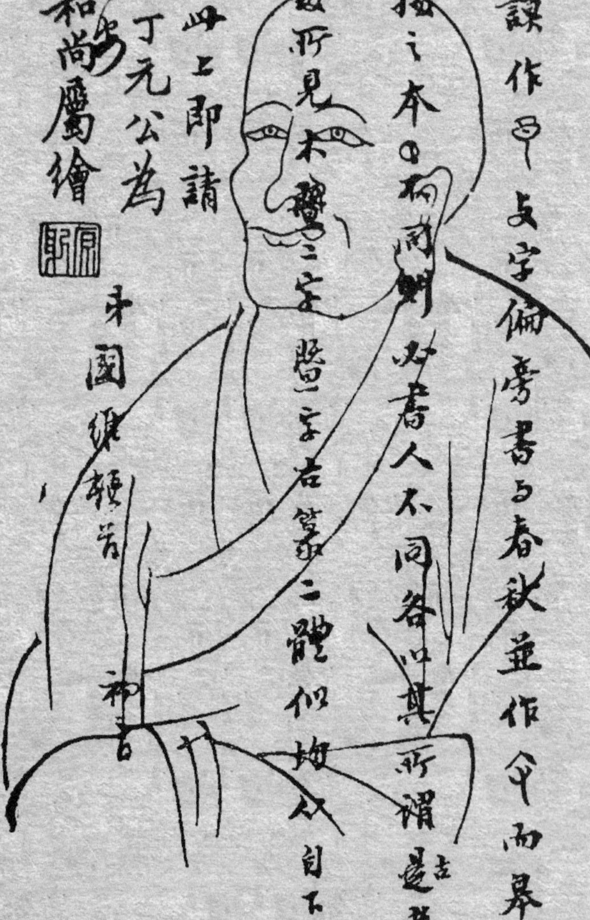

丁酉春日丁元公為

苦瓜和尚屬繪

王國維頓首

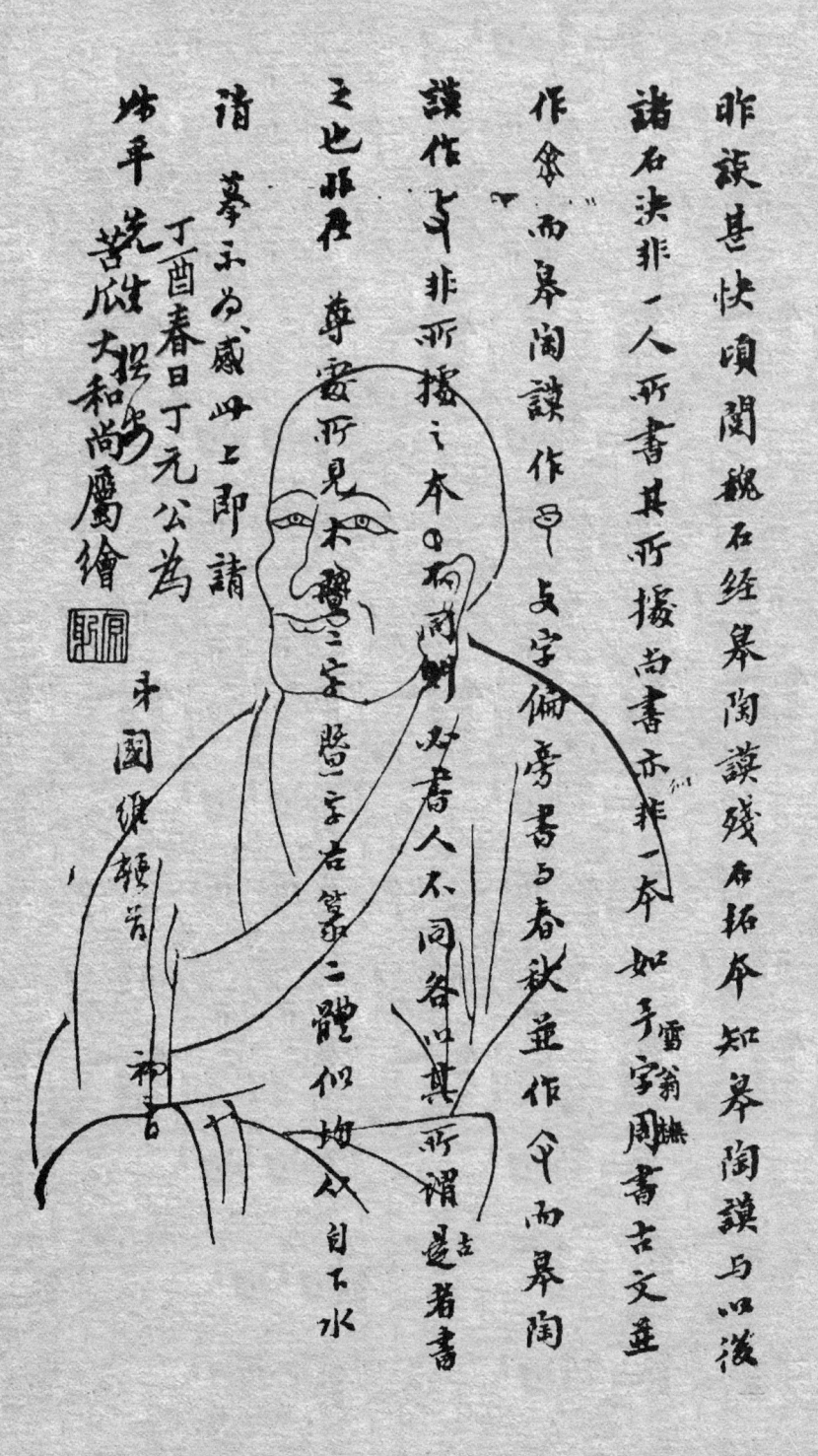

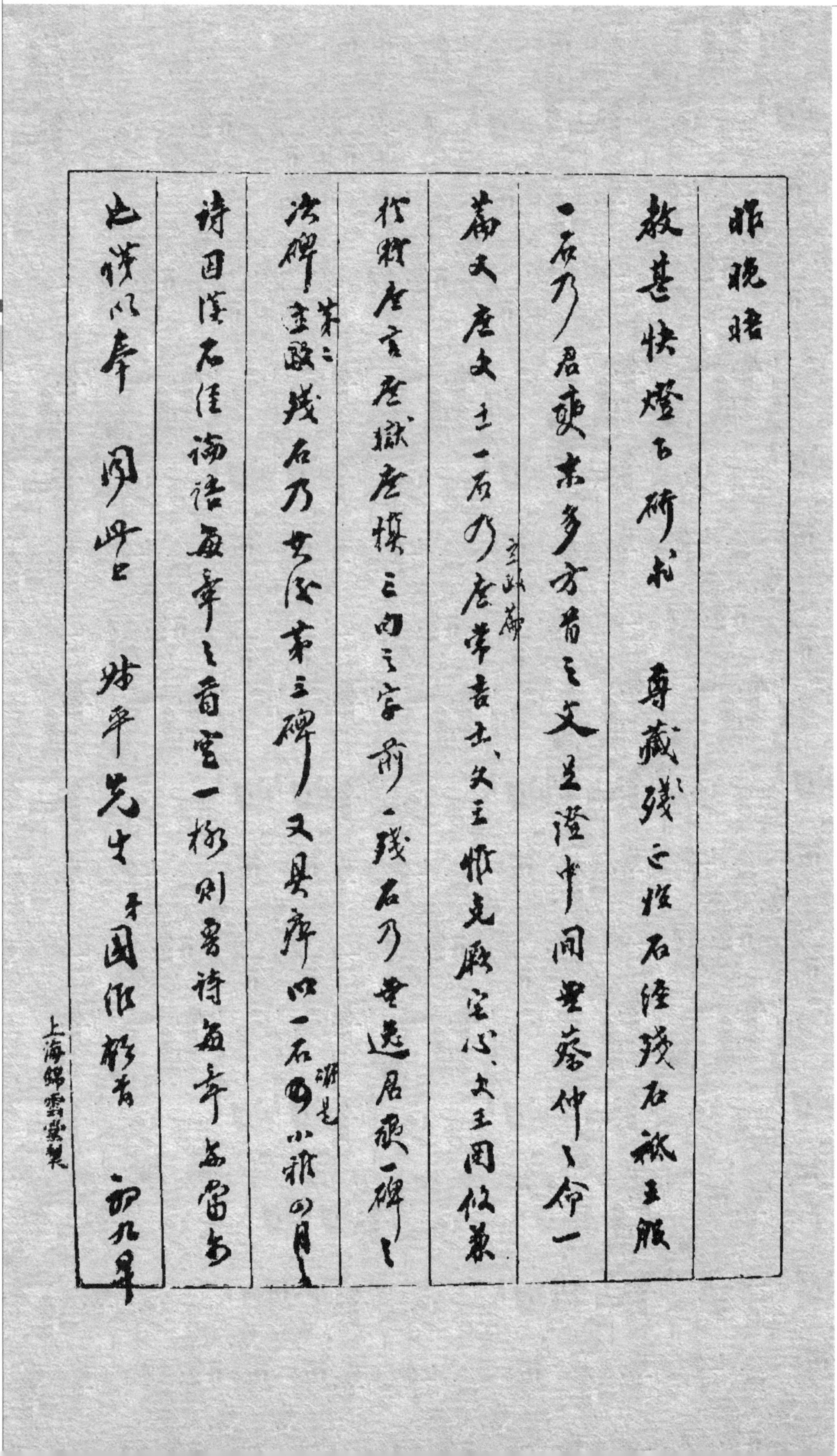

昨晚晤
教，甚快。燈下研求尊藏殘之石經殘石拓王版，
一石乃君奭末多方首之文，足證中間無蔡仲之命一
篇。又立政一石乃立常吉士、文王惟克厥宅心、文王罔攸兼
於庶言庶獄庶慎三向之字。前一殘石乃無逸居殘一碑之
陰碑。殘石乃大雅第三碑文，其序以一石兩小雅四月
詩。因漢石經論語每章之首空一格，則魏詩每章亦當如
此。候以奉
問興居。
叔平先生 弟國維頓首 初九日

立政篇
第二
湛是

叔平先生有道：昨晨寄一書，想達
左右。辰維
眠食勝常為頌。研究科研究題目已擬就四條，并擬兼士
先生一函，乞轉交。現在大學是否有滿蒙藏文講座？此在
我國所不可不設者，其次則東方古國文字學并關緊要，研
究生有願研究者，於資遣法德各國學之，甚善，非徒擇
史學有根柢者乃可從事也。
又於不建議五古物學大有關係之偶思及，即以奉
聞，此請
撰安。不一。

中維頓首　卅日

此　左　之　雪堂　所藏　記

叔平先生执事：前日奉
手教，敬悉一一。印切韵事，前与商务印书馆商印，竟无成议，刻已由中华人商
印书之价，此书共六十版，拟印五百部，不及二百元。因思大学人数既众，欲先
睹此书者必多，先雅（北大学）集有印资，则当以四百部奉寄，余一百部则罪居与
弟留以赠人（此欲印则二十日中可以告成）。（因思同此书者或多）若以此举为然，则当令估印价
奉闻。若印千部，则所增者仅纸费而已。请
示复。（付印）校月内明年内为可出书，此事此敬请
撰安不一。

弟振玉顿首　初十日

兼士叔平仁兄鑒：昨閱報紙見北京大學考古學會保存大
宮山古蹟宣言，不勝駭異。大宮山古蹟所在地是否官產，
抑係 皇室私產，又是否由 皇室賞與洵貝勒，抑係
洵貝勒自行購置，或竟如宣言書所謂强佔，均有研究之
餘地。因洵貝勒之毀壞磚塔而即謂其佔據官產，已無根
據；更因此而牽涉 皇室，則尤不知學會諸君何所據
也。至謂亡清遺孽擅將歷代相傳之古器物據爲己有，此
語尤爲事所不解。夫有明一代學術至爲簡陋，其中葉以
後諸帝尤不悦學，故明代内府殆無收藏可言，至珍異玩
好，則甲申之變已爲闖賊蒐括殆盡，明亡於是年三月，而

大清世祖章皇帝始於十月自盛京入居前明大內宮廷空虛垂六閱月其間明之遺物閣賊劫掠之所剩者又經內監之隱匿胥小之攘竊殆無孑遺故順治初年故宮遺物闌溢都市吳梅村讀史偶述詩云宣爐廠盒內香燒禁府圖書洞府藏故國滿前君莫問淒涼酒盞斗成窯又送王員照詩云內府圖書不計錢漢家珠玉散雲烟而今零落無收處故國興亡已十年當日布棚冷攤情形如此是本朝入關以後未嘗得明代之寶器也其可謂歷代相傳之古器物者近如國學之石鼓稍遠者如房山之石經遠者如長安之碑洞皇室未嘗據為己有也其可謂歷代相傳

之古籍者惟內閣大庫之書籍多明文淵閣之遺此於宣
統初年我 皇上即以之立京師圖書館其支流爲今之
歷史博物館 皇室未嘗據爲己有也今日內府之所藏皆
本朝二百餘年之所蒐集其大半購自民間其小半得
於臣工之所進奉 高宗純皇帝御製文集題跋一
類與 御製詩集注中歷紀其事可覆按也故今日 宮中
儲藏與夫文華武英諸殿陳列諸物 此二殿物民國尚未繳價以前 以古今
中外之法律言之固無一非 皇室之私產此民國優待
皇室條件之所規定法律之所保護歷任政府之所曾以
公文承認者也夫以如此明白之私產而謂之古據是 皇室

於實際上並未占據任何之財產而學會諸君於文字上
已侵犯明白之私產矣夫大不敬內府收藏之歷史與優待條
件是為不智知之而故為是言是為不仁又致古學會文對四
務部古籍古物古蹟保存法草案意見書於民國當道擬
取古物陳列所古器作疑似之辭而對　皇室事無論有
無不恤加以誣謗且作斷定之語吐剛茹柔是為無勇不識
學會諸君於此將何居焉又優待條件載民國人民待
大清皇帝以外國君主之禮今宣言中指斥　御名至於再
三不審世界何國對外國君主用此禮也諸君苟已取銷民
國而別建一新國家則已若猶是中華民國之國立大學也

則於民國所以成立之條件與其保護財產之法律必有遵守之義務況大學者全國最高之學府諸君又以學術為己任立言之頃不容國粹滅裂如是也抑吾更有進者學術固為人類最高事業之一然非與道德法律互為維持則萬無獨存之理而保存古物不過學術中之一條目若為是故而侵犯道德法律所公認為社會國家根本之所有權則社會國家行且解體而學術將何所附麗諸君所欲保存之古物欲求其不為劫灰豈可得乎即不然強有力者將以學術為名而行掠奪侵占之實以自盈其囊橐諸君所謂文獻將全為齏粉者將於是乎實現不審

於學術何所利焉於諸君又何所利焉　二兄素明事理於此宣言書竟任其通過發表殆偶失之不檢敢以意見陳諸　左右又弟此書乃以考古學者之資格致告我同治此學之友非以　皇室侍從之資格告　大學中之一團體也知我罪我弟自負責無預他人合并附告伏希　亮鑒

並候

起居不盡　弟王國維頓首

再啓者 弟近來身體孱弱又心緒甚爲惡劣所有二
兄前所屬研究生至敝寓咨詢一事乞 飭知停止
又研究所國學門導師名義亦乞 取銷又前 胡
君適之索取 弟所作書、戴校水經注後一篇又 容君
希白鈔去金石文跋尾若干篇均擬登大學國學季
刊此數文 弟尚擬修正乞 飭主者停止排印至爲感
荷 國維又拜啓

頃讀惠函

細讀尊詞中袞遍之義，嘗憶最所見徵都別調本作笑歌衍拍袞

（四年正月作宗英注）不知有誤憶柳　見誤書也。袞字不見宋史樂志，實是大曲中之一遍。

唐人大曲遍數雖多，然亦合為排遍、入破、徹三大節。至宋則名目至多，沈

存中夢溪筆談謂大遍有序、引、歌、𩎓、嗺、哨、催、攧、袞、破、行、中腔、踏歌之類，

王灼碧雞漫志謂大曲有散序、靸、排遍、攧、正攧、入破、虛催、實催、袞遍、歇

拍、殺袞。今以現存宋大曲證之，適與王灼說合，因推攧後尚有延遍，虛催皆有

袞遍。宋曾君氏草堂詩餘（卷四袁去華水調歌頭）注云：今樂府諸大曲凡數十解，於攧前

尚有排遍，攧後有延遍，然史浩採蓮大曲（鄭峰真隱漫錄卷四十五）延遍在攧遍前，

則次序亦無定矣。實催之前為有袞遍，則董穎薄媚（樂府雅詞卷首）史浩採蓮皆

然，其所謂前袞也；實催後之袞遍，則其所謂中袞，其歇拍袞（實其名義）而王灼所說

至早實催前之袞，則漫志虛催實催之間脫袞遍二字無疑。排遍以其

非一遍，故謂之攧；攧或取攧擲入破則曲之繁聲處也（近事會元卷四）。虛催實催均

指催拍言之，故董穎薄媚實催作催拍，袞義亦不詳，沈村謂之拍袞

然不相〻連一曲謂之大曲，雖多至數十遍而只分三段，散序為一段，排遍至正攧為一段，入破至煞袞為一段。蔡寬夫詩話云：宋家文曰自排遍以前聲音不相侵犯，樂之正也；自入破以後侵亂矣，至此鄭衛之（王鞏隨手雜錄）。宋人於大曲往往取其中之一遍（或數遍）用之（李清照詞），案西府有伊州袞、長壽仙袞、降黃龍袞，皆大曲中之一遍也。袞字無意義，賀鑄即讀袞之省耶。中舊有宋大曲者

鄙意中如其未備，故改數語，未審增補，並摘去一段，專恳荃諸

教之。此上
適之先生

弟王國維頓首

初六日早

樂史樂志（13）：凡有催袞者，皆胡曲耳，法曲無是也。

致刘世珩

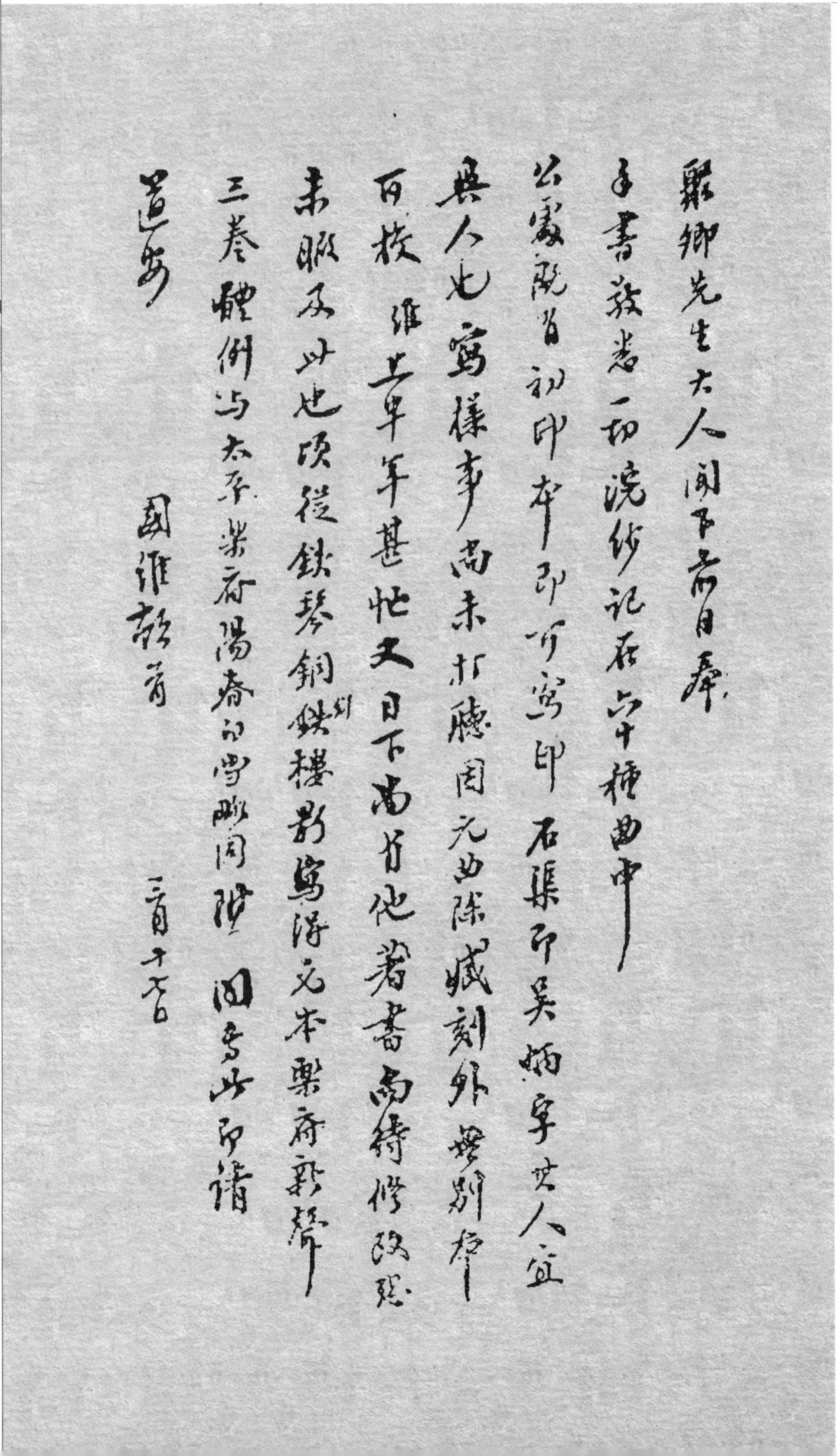
聚卿先生大人閣下：前日奉
手書，敬悉一切。浣紗記在六十種曲中，
公處所有初印本即可寫印。石渠即吳炳，字可先，宜
興人也。寫樣事尚未於聽園見，元曲除臧刻外，無別本
可校。維去年甚忙，又日下尚有他著書需待修改，恐
未暇及此也。頃從鐵琴銅劍樓影寫得元本樂府新聲
三卷，體例與太平樂府、陽春白雪略同，聞當此印譜
道安。
國維頓首　三月十二日

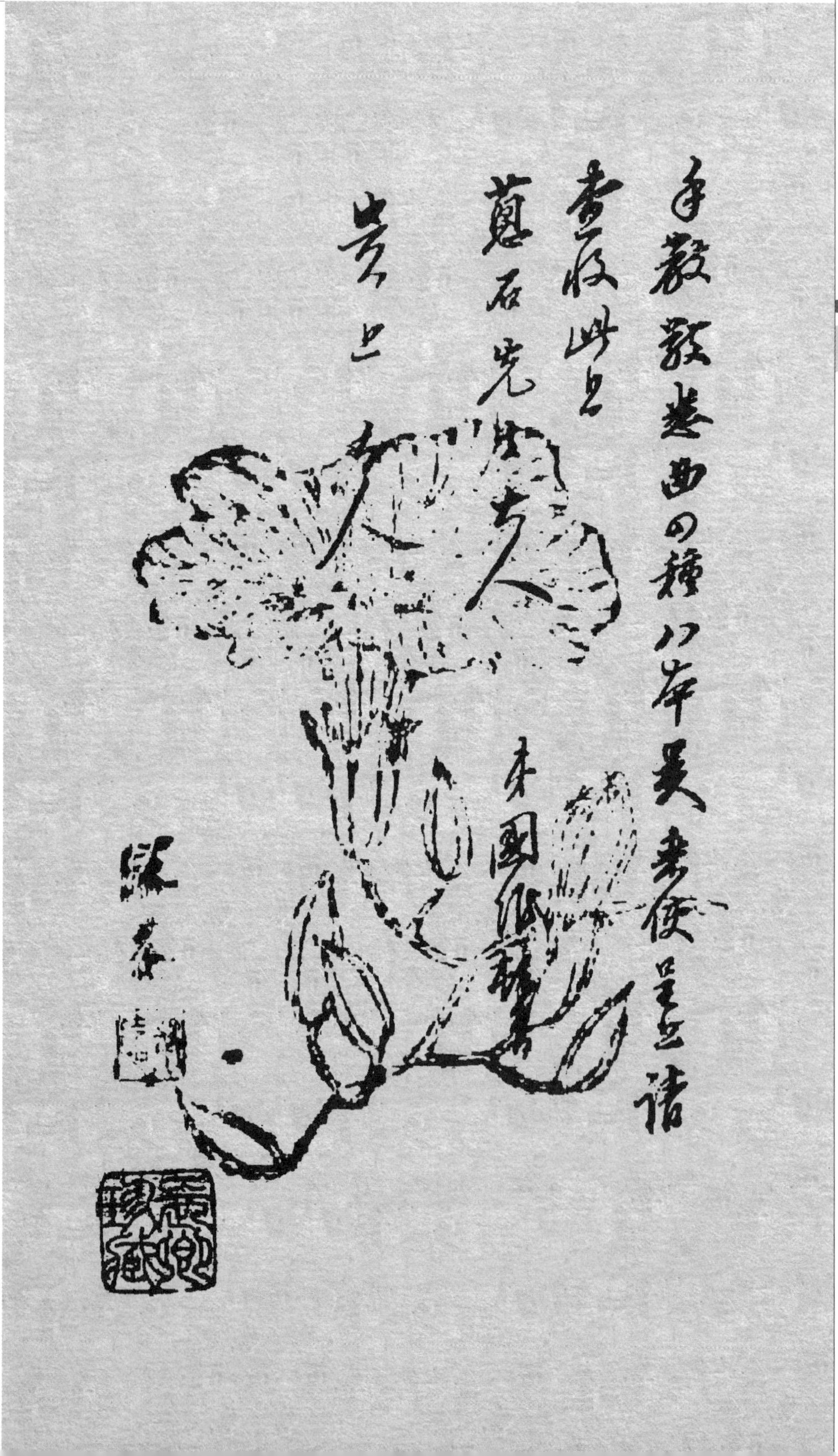
手教敬悉曲四種以本異來俟呈上請
書收此上
蔥石先生大人
貴上
弟國維頓首

抱之仁兄閣下：去歲獲

復書，敬承一切。拙著《殷先公先王考》及《殷周制度論》，弟所得數本早已

轉贈友人，昨日始從哈同花園售書處覓得載此文之《學術叢編》三册（另檢無誤者作單行本書矣），

聊以寄上。聞其價每册五角，八折。如欲留此，請將其價徑寄哈園廣

倉學窘售書處；如但欲一覽，則閱後亦請將原書徑寄該處可

也。《書契後編》及《戩壽堂所藏殷虛文字》并考釋，哈園不肯零售，如欲

購，亦可徑向該處購之（後編六元，考釋二元），并以聞。《後編》精印而文字甚多，

現在尚有存書，將來恐不易得，如《前編》存書無多，而現又不能再印——

此書殆在可寶之間，先說字所以學校而能不擲，只於之也。

來書所詢䦎字，今據其原文，其一曰某公射䦎試筆，其二曰成王史射䦎囗

試口出現華，以文義觀之，如獸名之上一字，則非地名。陳字尚未識，謹

先以奉聞。

大著若成，先覩爲快。艸此即詢

著祺不一

弟王國維頓首

四月廿二日

颉刚先生左右：奉书，商彝铭命须村二字，尊说则上下文义贯通，然宗器系古物，车辂亦成器，不可谓之村。然字画确似谓乡与明器之村。士丧礼筮宅之后有井椁献材献素献成诸事，皆系预备葬具，然能命于未葬诸事者不书，何以独书须材？事诚不可解，自当以阙疑为是。弟未读古书，于不可通者阙疑，自是一法，与释古文字无异。先谓白话诗阅胡君适之水浒红楼二考，然皆当于心，其提倡白话诗文则所未敢赞同也。专复，即候

起居。

弟作宾敬启 初六日

上半生華堂監製

頡剛先生左右：頃奉

手教，敬悉。顧命狄設黼扆以下，據鄭意皆廟中事，非殯所事。緣太保既攝成王傳

遺命，更則不必受命于殯所，此鄭見之第一根據。若經文兩楹之間、西階之上，

均無容殯所之餘地，抑其次也。至前後綴衣于庭，則因成王病革，大臣入宿衛，

以備非常，大致與下文布几筵事自不相涉，一在寢，一在廟，自不妨也。鄭見如是，

未知是否。至例几之字，則據周禮司几筵，廟中本有祭祀席與酢席之几，此次布

席即因其故耳。諦材之解，鄭孔似不誤，緣几席宗器等皆成器，不得謂之材也。專候

起居，惟照不宣。　弟國維頓首

四鶴生華堂監製

颉刚仁兄大人阁下：前日获奉
教言，甚为钦迟。顷辱
手翰，猥荷奖饰，丽泽讲习，朋友之事，何撝谦乃尔耶？
函询拙著，去岁曾将旧作淘汰增删，编成《观堂集林》廿卷，由友人
蒋君印入丛书，刻已成者八卷，或年内可以成书，一时不便再印，
祈将此情形告沈君为荷。苏庵起居音问甚便，见四年礼俗
後續陵，請候
起居不一

弟王国维拜启

觀堂監製

花間集 卷十 首李秀才珣詞三十七首 此據紹興中晁謙之刊本 宋鄂州本珣作珣

鑑誡錄 卷四 李珣字德潤,本蜀中土生波斯也。少小苦心,屢稱賓貢,所吟詩句往往動人。尹校書鶚者,錦城烟月之士也,與李生常為善友,因戲遇嘲之,李生文章掃地而盡。詩曰:異域從來不亂常,李波斯強學文章。假饒折得東堂桂,胡臭薰來也不香。

黃休復茅亭客話 稱珣為波斯人 (李玹,實此書未及檢)

王灼碧雞漫志 五 李珣瓊瑤集有鳳臺一曲,注云:俗謂之喝馱子(又花間集載長命女曲,偽蜀李珣瓊瑤集亦有之)。又卷三云李珣有倒排甘州。卷四云李珣有河滿子歌。

此四首皆在花間集所選三十七首之外,是珣詞古有專集,且至南宋初尚存。

王國維

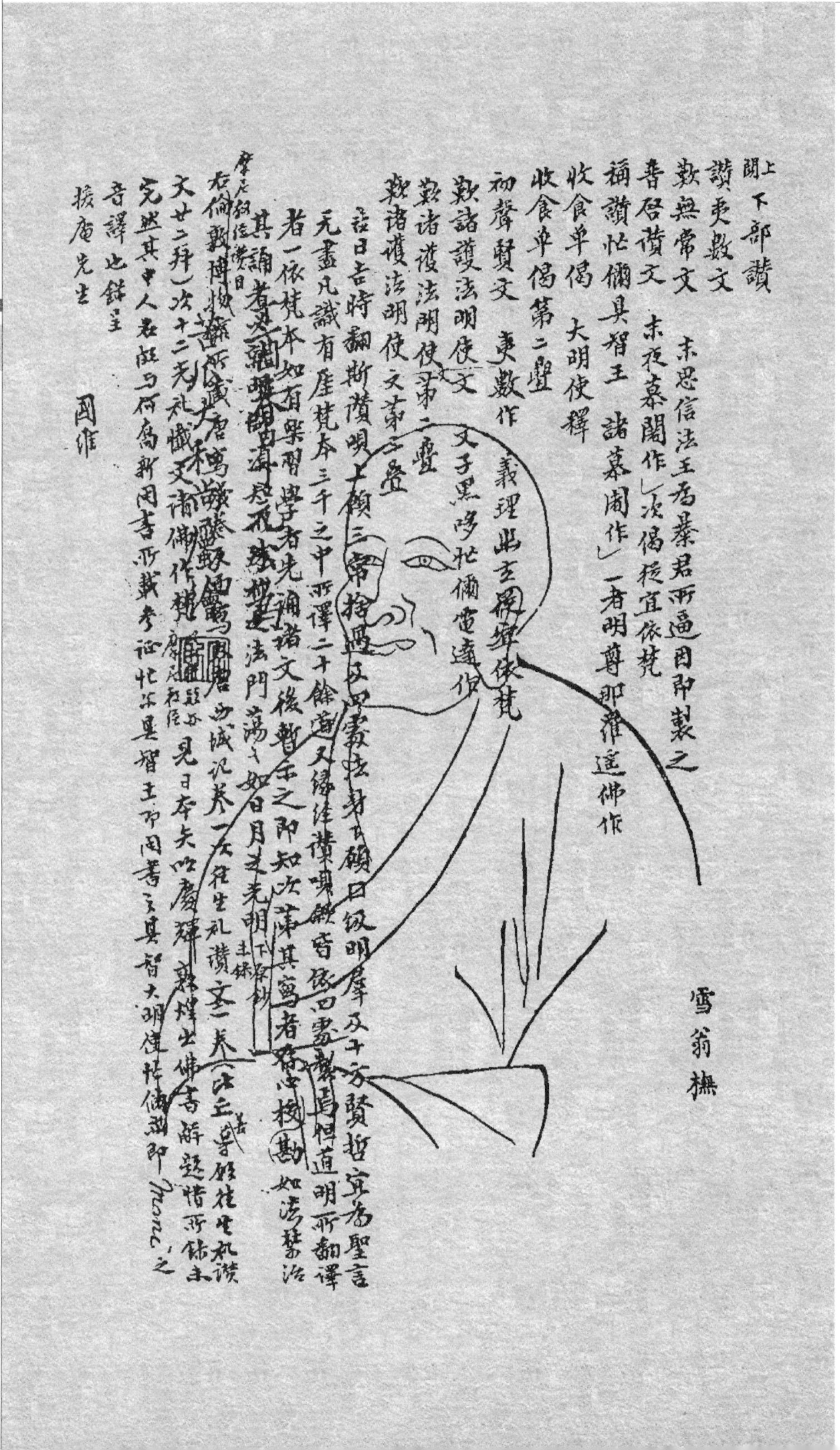
上下部讚
讚夷數文 末思信法王為桑君所通因即製之
歎無常文 末夜慕闍作
次偈稍宜依梵
普啓讚文 諸慕闍作
一者明尊即那羅延佛作
稱讚忙儞具智王
收食單偈 大明使釋
收食單偈第二疊
初聲讚文 夷數作
義理幽玄宜依梵
歎諸護法明使文
于黑哆忙儞電達作
歎諸護法明使文第二疊
歎諸護法明使文第三疊
雪翁撫
援庵先生
國維

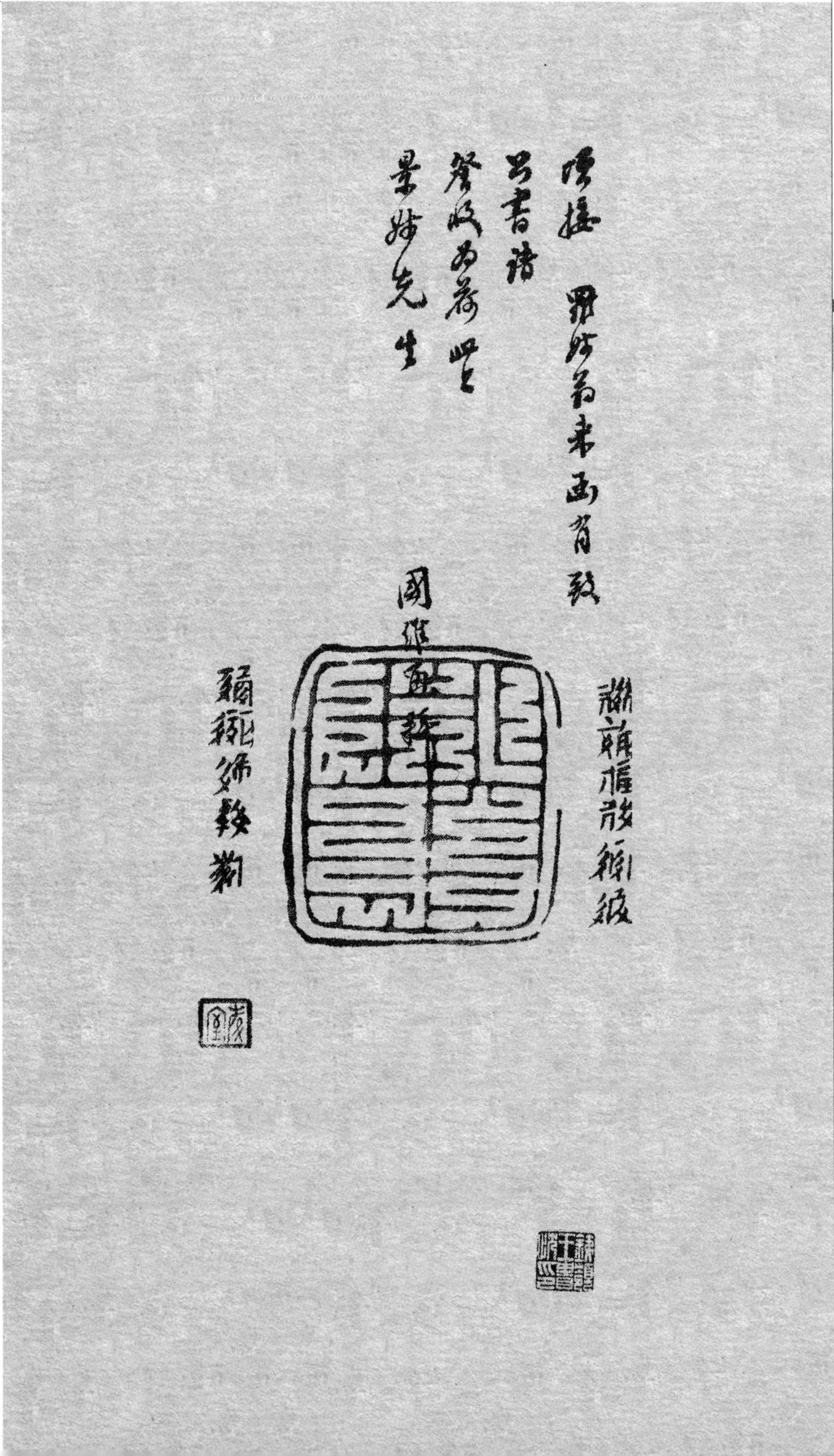
另書請
察收為荷　此上
先生
國維

景叔先生素履：今午有客至，聞
老伯母大人仙逝之耗，甚為驚愕，遣人至 尊寓問訊，知是確實。
素諗
執事仁孝性成，必深哀痛。惟五十不毀，古有是語，況
老伯母大人福壽全歸，應無遺憾，尚冀 節哀順變，以襄 大事。
專此奉唁，敬請
苫安，不具。
國維再拜 廿日

再，羅叔翁致 公一函，并提單一紙，即寄天竺字源，并惠墨字記共書
二箱。時 公已返杭，而張君堯香適到，因託其往提。大約一禮拜内可
以提出，即送哈園也。原函附呈。

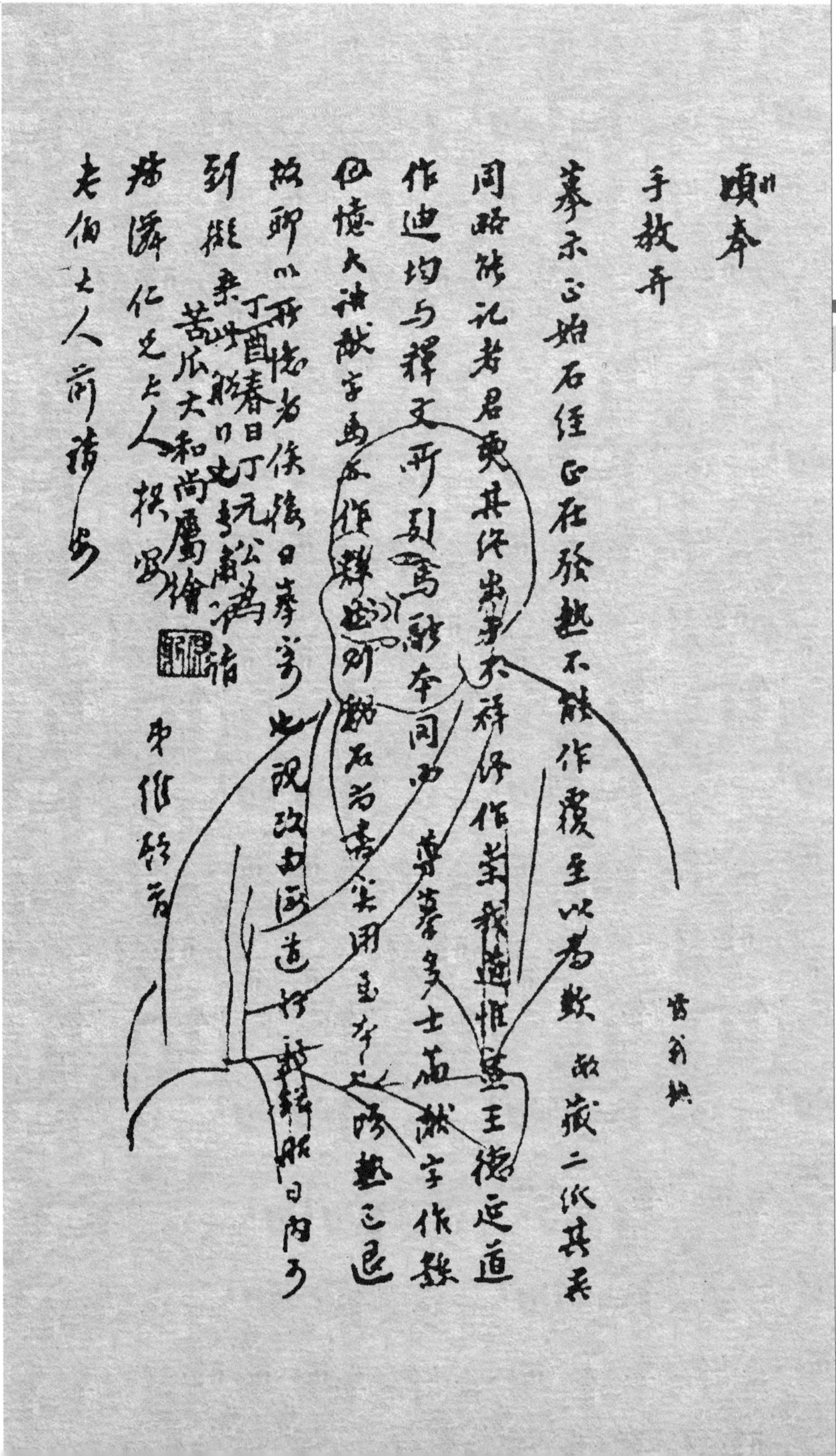
頃奉
手教并
摹示石經,正在發熱,不能作覆,至以為歉。敬藏二紙,其表
同路能記。若君奭其終出于不祥,祥作羊;我道惟寧王德延,道
作迪,均與釋文所引馬融本同也。其多士篇獻字作發
也。憶大誥獻字亦作儀,然此所獻石為書家用古今之證,藝亡退
故所以稱憶者,係後日摹寫也。況改古為道行,戲錯脫日內乃
到誰來
揩濟化之上人 撰安
老伯上人前 請安
弟維頓首
曾翁撰

苦瓜大和尚像 丁酉春日丁元公敬為翁繪

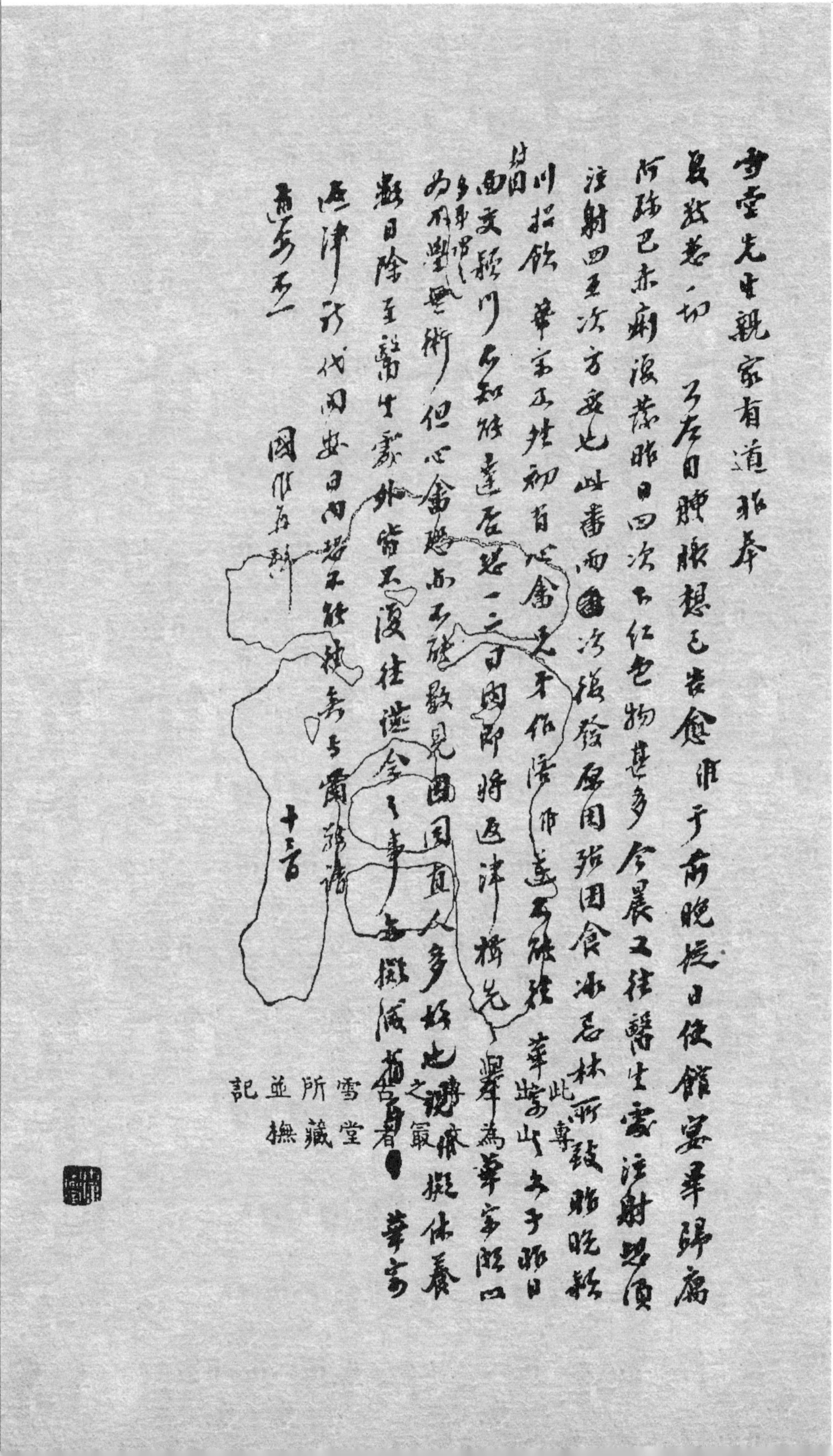

雪堂先生親家有道：兆奉

長教，慈一切。公今日脾脹想已告愈。維于前晚從日使館宴畢歸寓

所路已赤痢，復發昨日四次，下紅色物甚多。今晨又往醫生處注射，聞須

注射四五次方妥也。此番兩番洩瀉發原因，殆因食冰忌林所致。昨晚毅(?)

川招飲，華宮又往，初有(?)僉(?)兄未作詩(?)，昨(?)差不能往。華宮此山人于昨日(此專)

赴晤面，交親門公知彼達居延一二日，因即將返津，攜先舉為華宮題四

為(多年□)學無術，但心會慈而不能數見，國因貢人多好之。諱之最，擬休養

數日，除至醫生處外，皆不復往，謹念之事，無擬滅者。華宮

返津行代問安。日內擬不能續(?)，餘與肅請

道安不一　國維再拜　十三日

雪堂所藏並撫記

雪堂先生親家有道前日寄一書想達
左右比想
起居多勝為頌 高郵王氏訓詁音韻諸書已粗理一過 釋大一書乃集
辨百大義之字以聲分類而通其義每字母為一卷現所存成者見溪
群疑影喻曉匣八字母他母字無有雖未成之書實曠世之絕作也
古韻二十一部通表其書題為每部前之表皆王梓材所為於韻學所造
不深其表不用非發條而存者不多惟此書為完書其諸聲譜則為說文作
所寫出者僅說文十四卷之一耳餘群經注而漢人合韻則似為
全而分散其說之書及聯綿字書亦不完之書蓋著者未久即棄
置也 作意所可刊者釋大及二十一部表二種合韻譜任何採一敘錄
其書為之大概附於全書之後不知 先生以為何如 敬請
道安 不一 國維再拜 十吉

雪堂先生有道：前日上一書，諒達。左右此間自六月上旬以來未見滴雨，故蘇
杭一帶甚望雨甚切。入秋以後天氣較熱，直至十二日後始得甘霖，非今之大雨數次
東南數千里之不患旱患矣。天氣得雨亦涼，人得蘇息。此後又當望其即晴齊
耳。閱報知日本未慣風潮，已漸平息，甚為慰安。此方政局本直隸為一氣，正碑當自
不能不退之勢，大約國內和局可定，餘則不可知耳。奉軍又有一旅入關，在南方亦多
調，且近畿外間頗有種種揣度，要之武人如事事順手，決無異同。卷乍將來徐為總
統，於統一名目之下，各擁地盤，暫保數月無事。惟外交又棘手，經濟無著，亦坐困
而已。維昨又假得趙承旨章艸急就篇（三希堂刻），亦出葉本，則當與葉本同源。唯
艸法者不如宋仲溫，全失章艸之真，殊疑非承旨書也。雖覺腦與胸膈間痛（係神
氣大不如春間，自謂如秋露，得不能受補劑，恐不勝治，然頗亦耐勞工作，未必有他病
也。雪堂叙錄之印成，卷二末頁書題因行幅之滿，積稍前未行之末，定本雖有此式，
然殊不雅觀，不如多費一頁，印成乃知之，不能再改（因所遞校之稿皆未排，縮字以移動
前觀校稿多出二行，但又另排一頁，從來諸頁遂推，乃竟以一頁十六頁挪完，故致此弊）矣。
觸書之送來，數日內外日當寄呈。專肅，敬請
道安，不一。 維再拜 十四日

雪堂先生親家有道：初一日覆一書，想達。左右辰維
起居多勝為頌。連日寫切韻，已得十數紙，現均照原行款原式字句
書之，（依字）最難，每日不過盡二三紙，須半月後方成。將來或改寫正
本，或作校記，再作得圖。原寫本唐諱皆不避，然決非隨人書，蓋（惟三次看過，混作泥）
唐人寫書無如宋人刊版，不能以諱字定之也。切韻三種與唐韻一種
將來合為一書印行最善，惜蔣氏所藏原本□須從再照，大阿□□今日
積餘來，因其文通附款事，據云（為海叔留）只得五萬元，施叔意欲不知江浙
諸君有提此議者否？現孫慕韓、莊伯、馮夢華亦來，不知能籌

首程、戴、史學有錢、邵，小學有段與王氏，三則數者俱不能精，亦故能於文章中
目古一席，然首志未逮也。史論亦極其尤，故所學史極高，以外，又不樂聞之
王君丹銘作道士裝貝兩，數字別極大方，殊不悦在人之後，惟於學問則無所知耳
言文簡公首遺文の卷已刻版已不全，亡之，經解得老譜及簡之子於湖北道府與匝
年一次隨武昌時狗節則世澤遠矣，一切事居楚當面請存續
道安不具
國維又頓首　十五日
承寄鏡像席少卿物等
昨從諸家觀書借一切諸書義也，稀見於書乃經下老譜諸本中惟徐山本從宋本
莊刻出明藏本，遠不如支那本，又善徐山本極，若以宋本編校之，豈不善乎，涵芬列
之著通書中，未知曾本可有責也。卧二月中因嚴寒及家人多病，並遂至成讀可言述略
首尾甚不中

衡甫中丞身後遺資聞不過萬金其人久處脂膏義華生平所攜決非如此

可知蓋棺論定之說不誣此次罹禍實以虛聲為之累（此君才具之聲甚大至有

人舉以亡袁世凱者）蓋懼其才力足以敗人事也然其為此世事罹禍則殊不值

京師大學堂擬振本[illegible]敦煌[illegible]三千五百[illegible]亦無多 他日當營出吟周所印想

已見過矣今年[illegible]發編擇文卷耳 君美趣滬想

在 公歸京都以後於提在廿七以前也再請

為郵寄所云 子谷

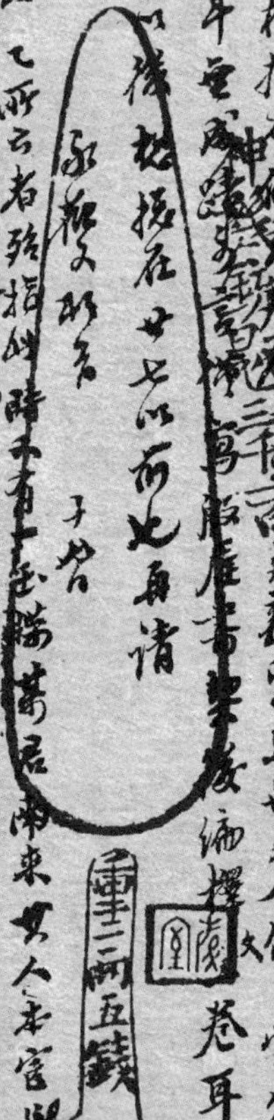

唐氏兄弟一函並此 乙所云者殊指此諸君有一函[illegible]萬君滯來其人本宦滬右旅居于彼數年

晤在島中 前所云秦[illegible]此君並云卻願得此又在滬處唐成家

唐成近晤于 乙老處遇之 乙今日往飲中西首[illegible]成也 又由

維再拜

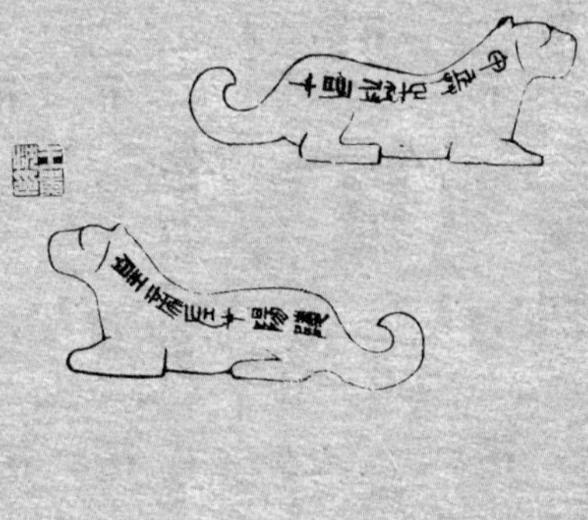

图书在版编目（CIP）数据

王国维书札墨迹／虞坤林编. —太原：山西古籍出版社，2008.1

ISBN 978-7-80598-860-3

Ⅰ.王… Ⅱ.虞… Ⅲ.王国维（1877～1927）-手稿 Ⅳ.K825.4

中国版本图书馆CIP数据核字（2007）第195972号

王国维书札墨迹

编　　者：虞坤林
责任编辑：田潇鸿

出 版 者：山西出版集团·山西古籍出版社
地　　址：太原市建设南路15号
邮　　编：030012
电　　话：0351-4922268（发行中心）
　　　　　0351-4956036（综合办）
E-mail：fxzx@sxskcb.com
　　　　web@sxskcb.com
　　　　gujshb@sxskcb.com
网　　址：www.sxskcb.com

经 销 者：山西古籍出版社
承 印 者：山西臣功印刷包装有限公司

开　　本：787mm×1092mm　1/16
印　　张：12
印　　数：1-2000册
版　　次：2008年1月　第1版
印　　次：2008年1月　第1次印刷
书　　号：ISBN 978-7-80598-860-3
定　　价：48.00元